Bruce Behnke

ホオキリ・オ・ハワイ
ブルース・ベンケー写真集

発行　株式会社インターリンクプランニング

Ho'okili o Hawai'i Bruce Behnke

INTERLINK Planning Inc.
4th floor, 15-5, Hachiyamacho, Shibuya-ku, Tokyo, 150-0035, Japan
info@interlink-planning.com

Published by INTERLINK Planning Inc.

ISBN978-4-901285-13-1

Printed in Japan

Ho'okili o Hawai'i

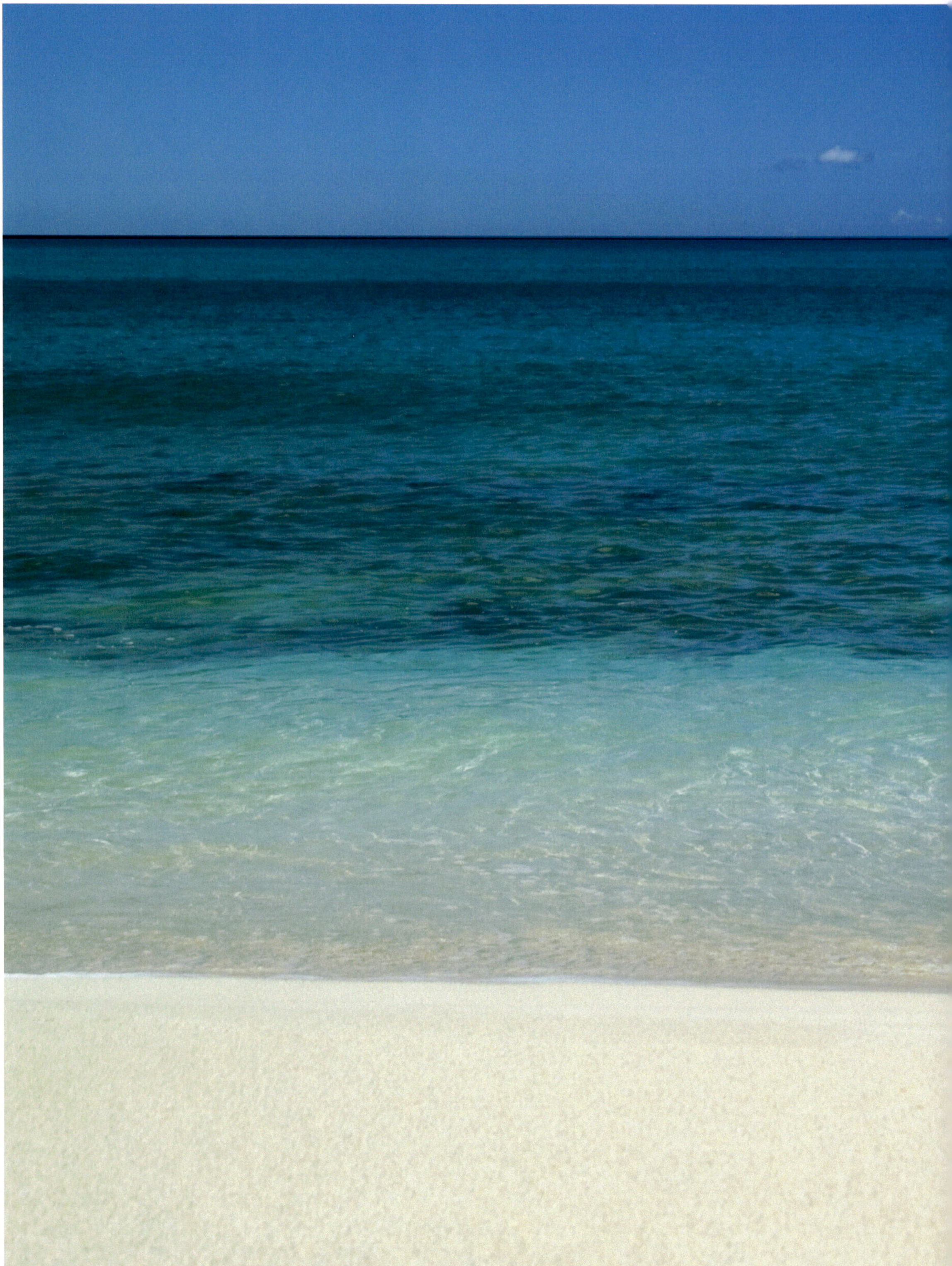

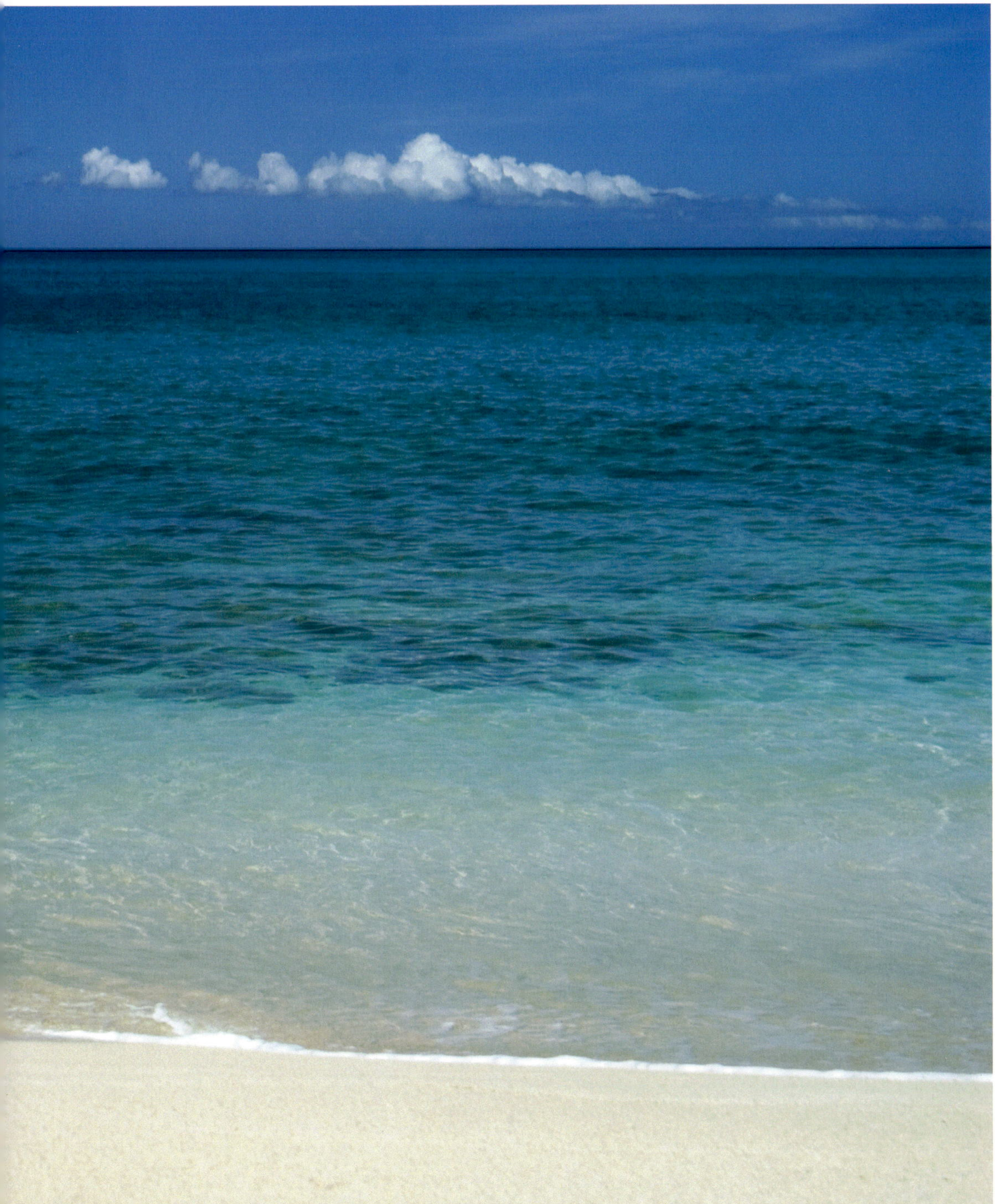

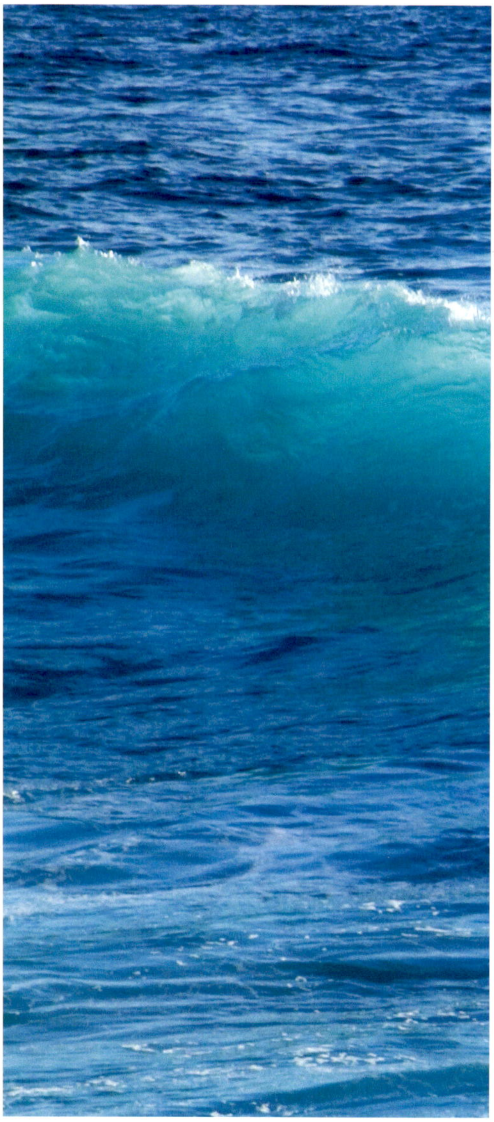

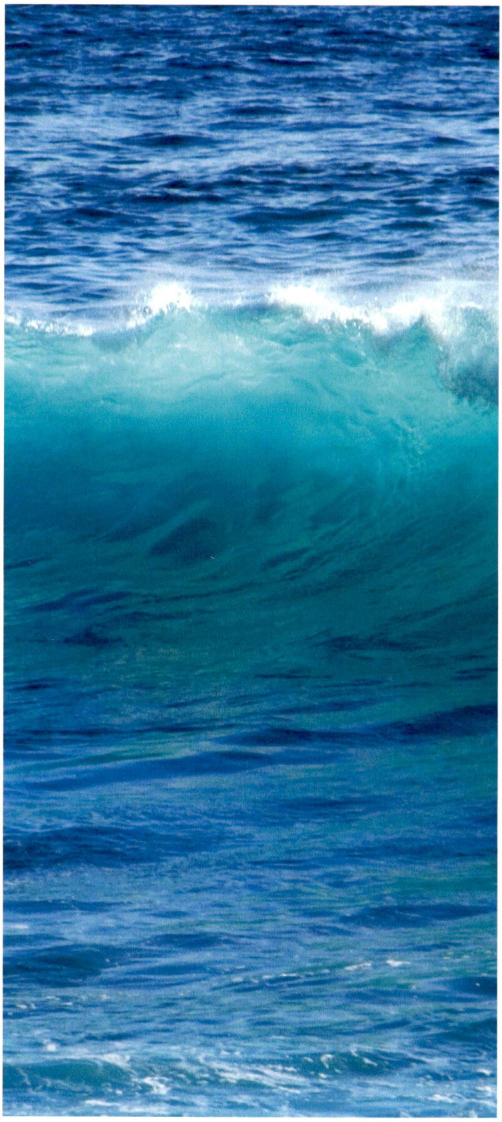

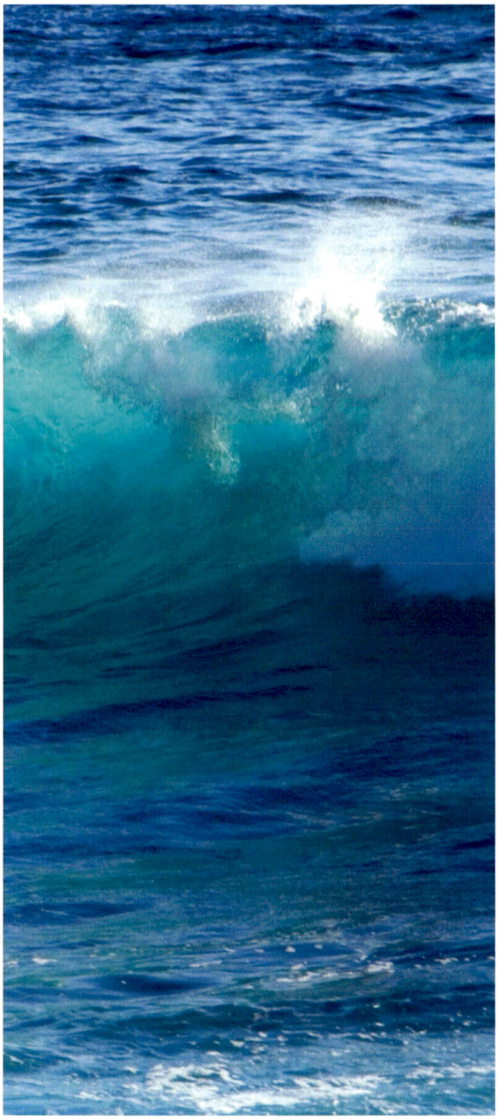
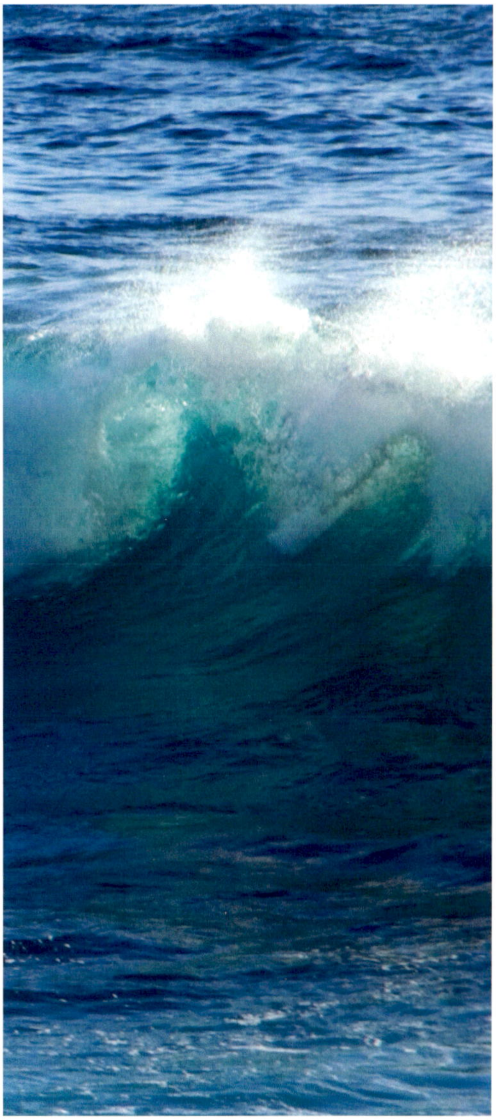

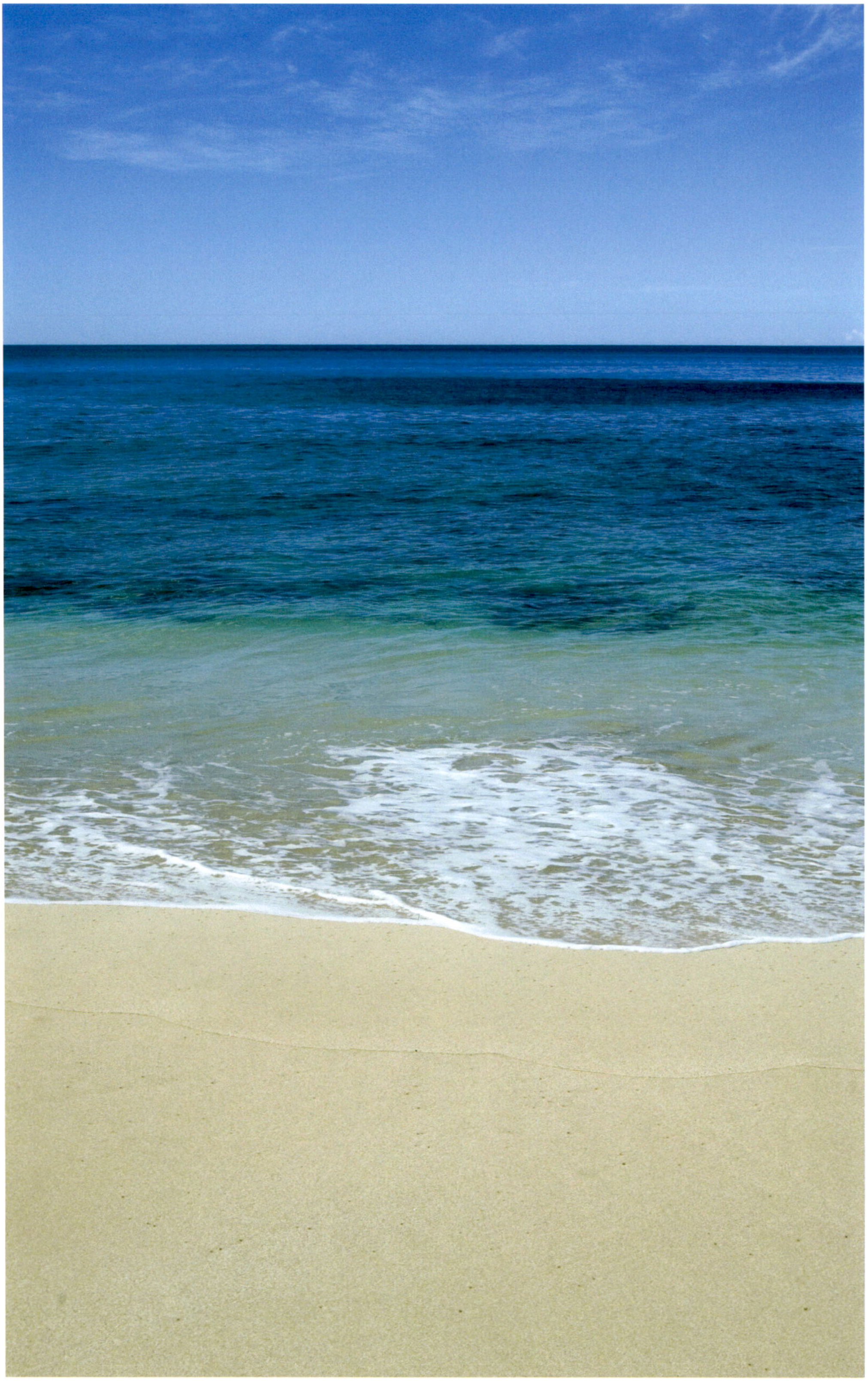

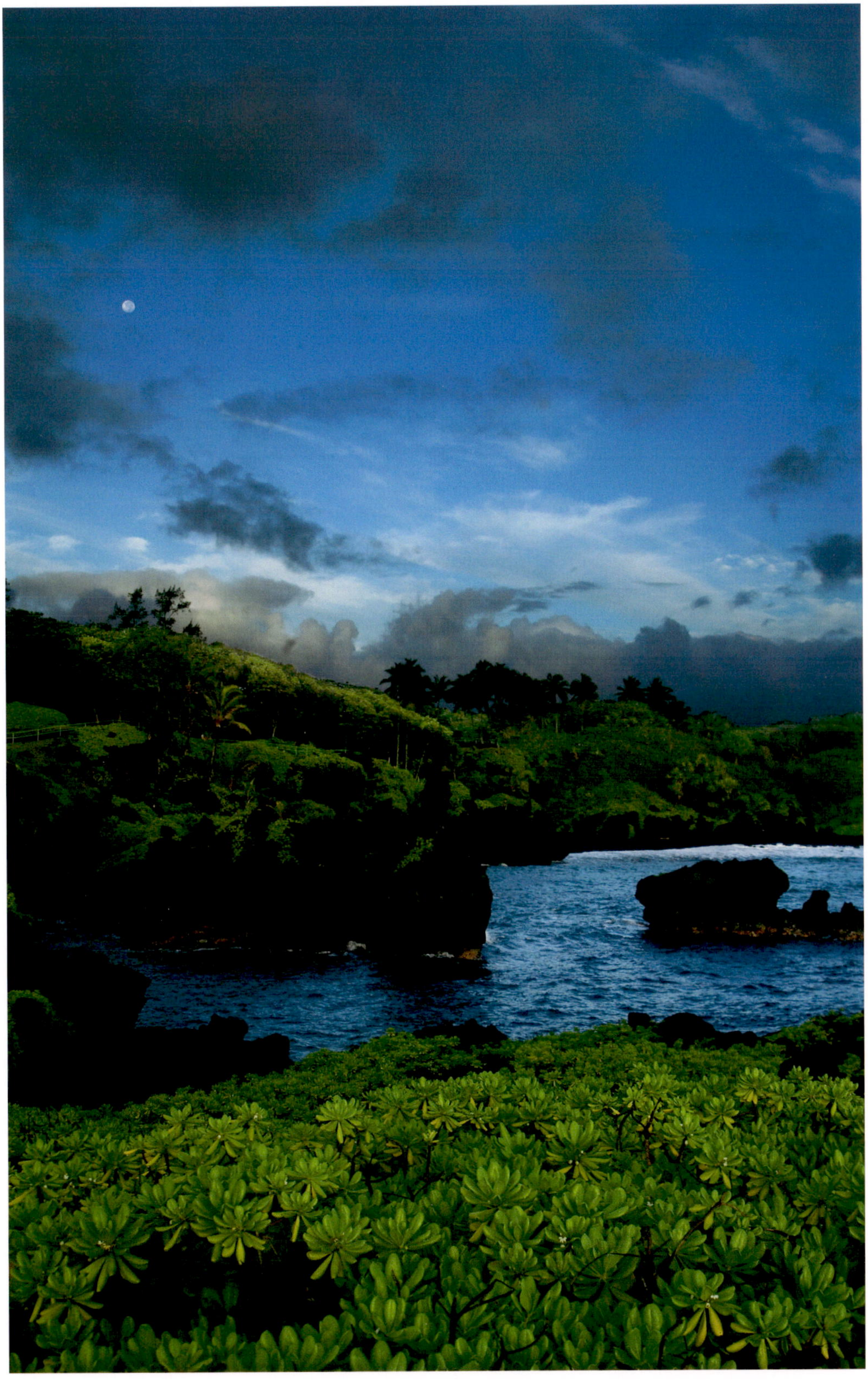

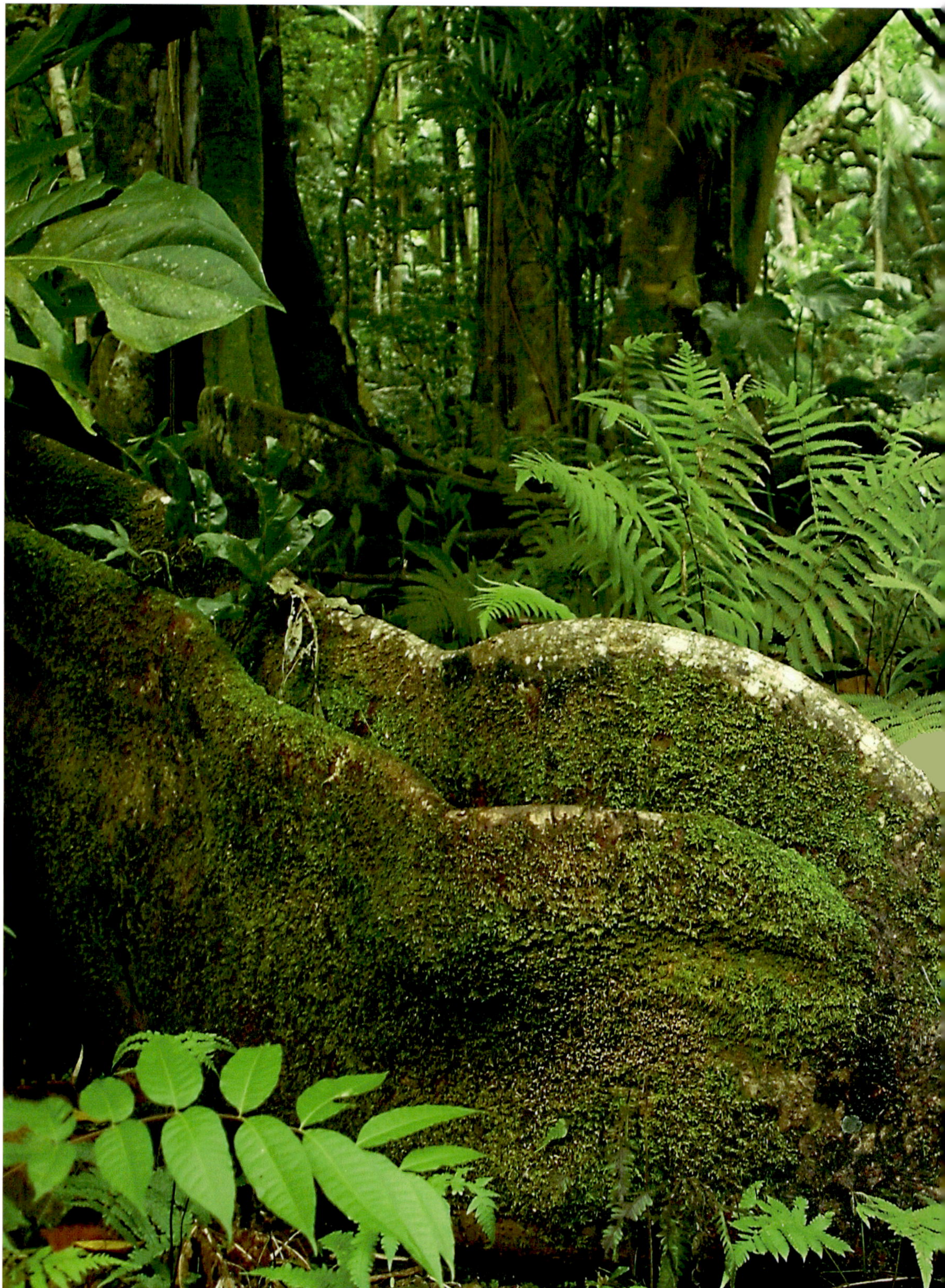

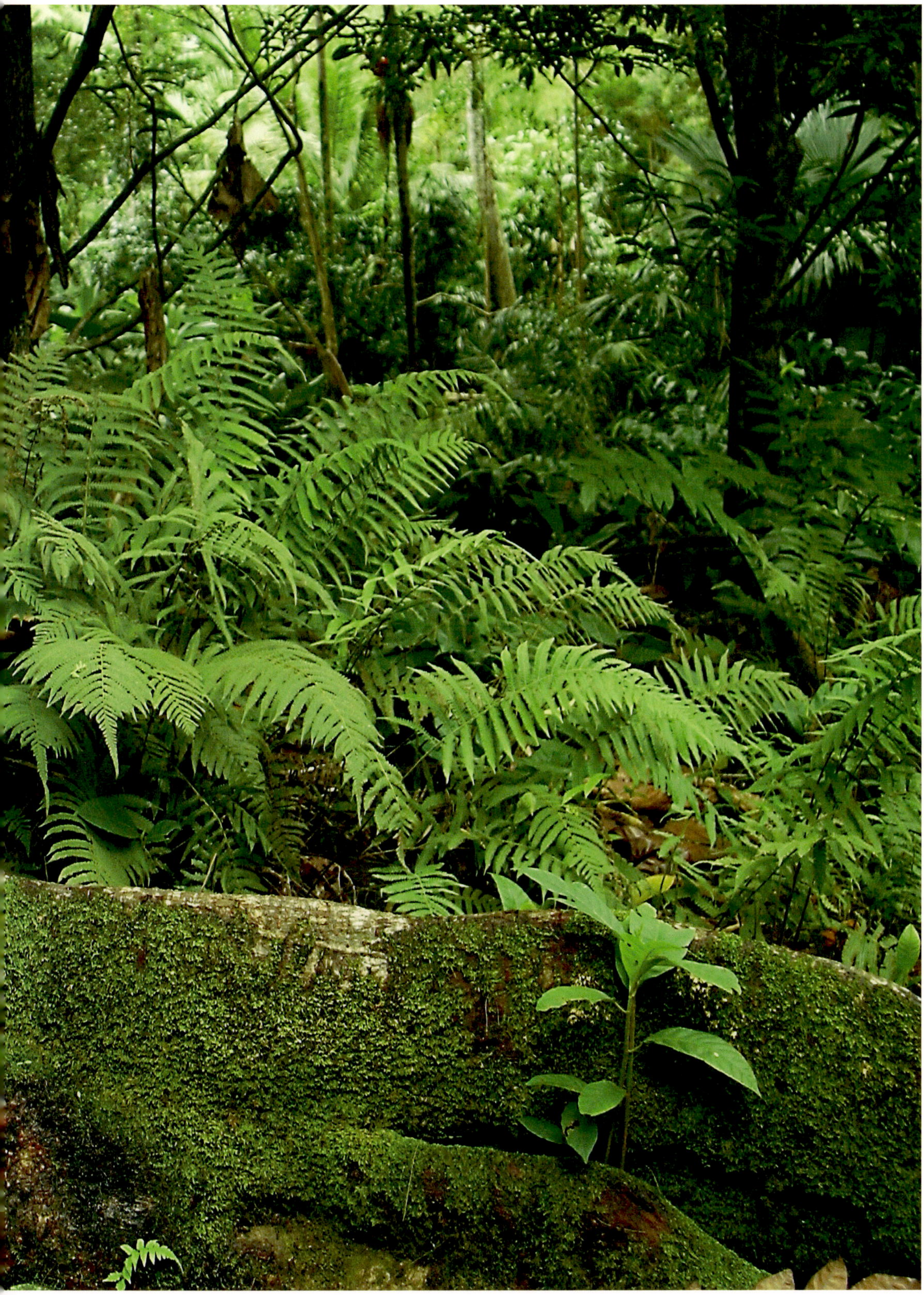

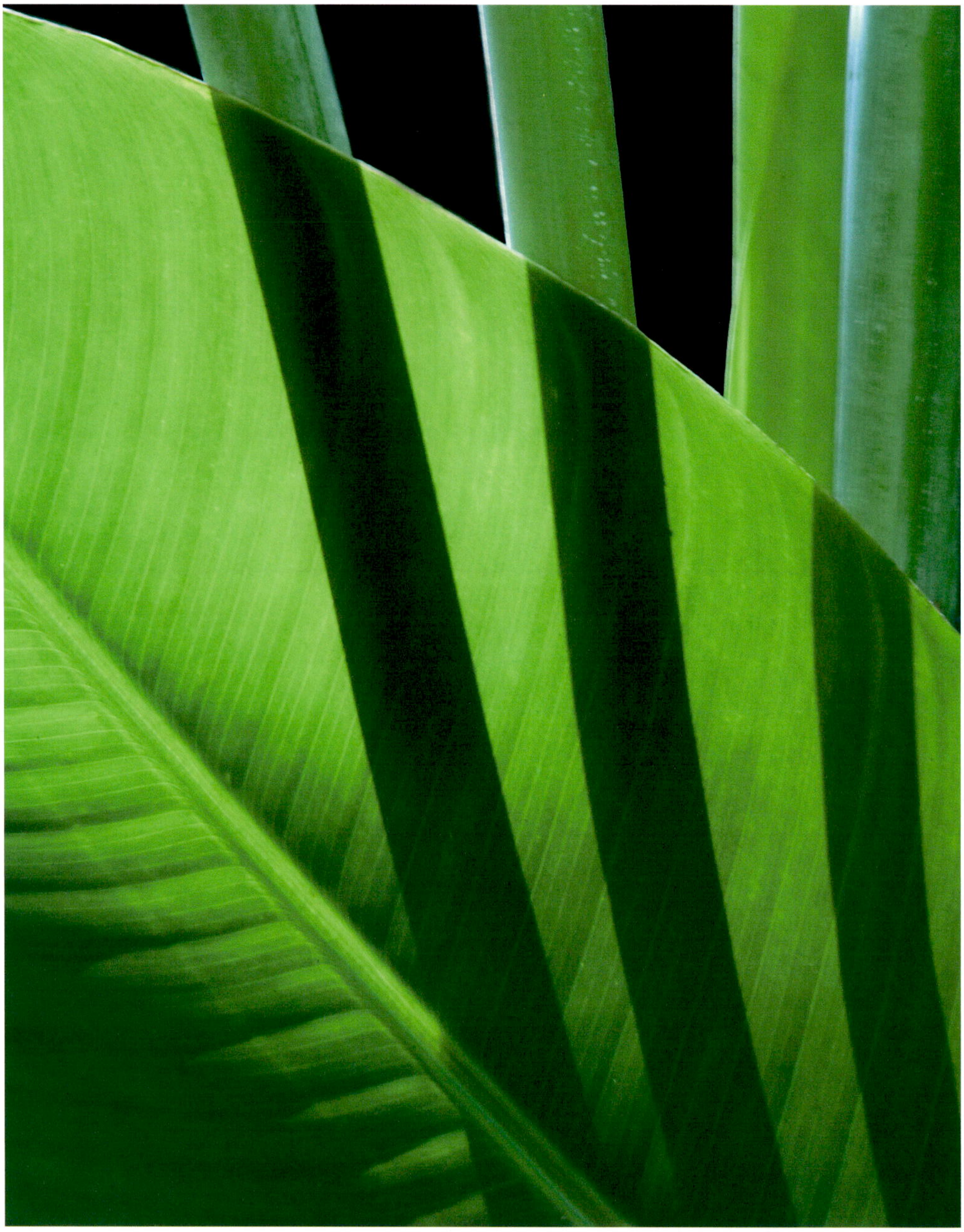

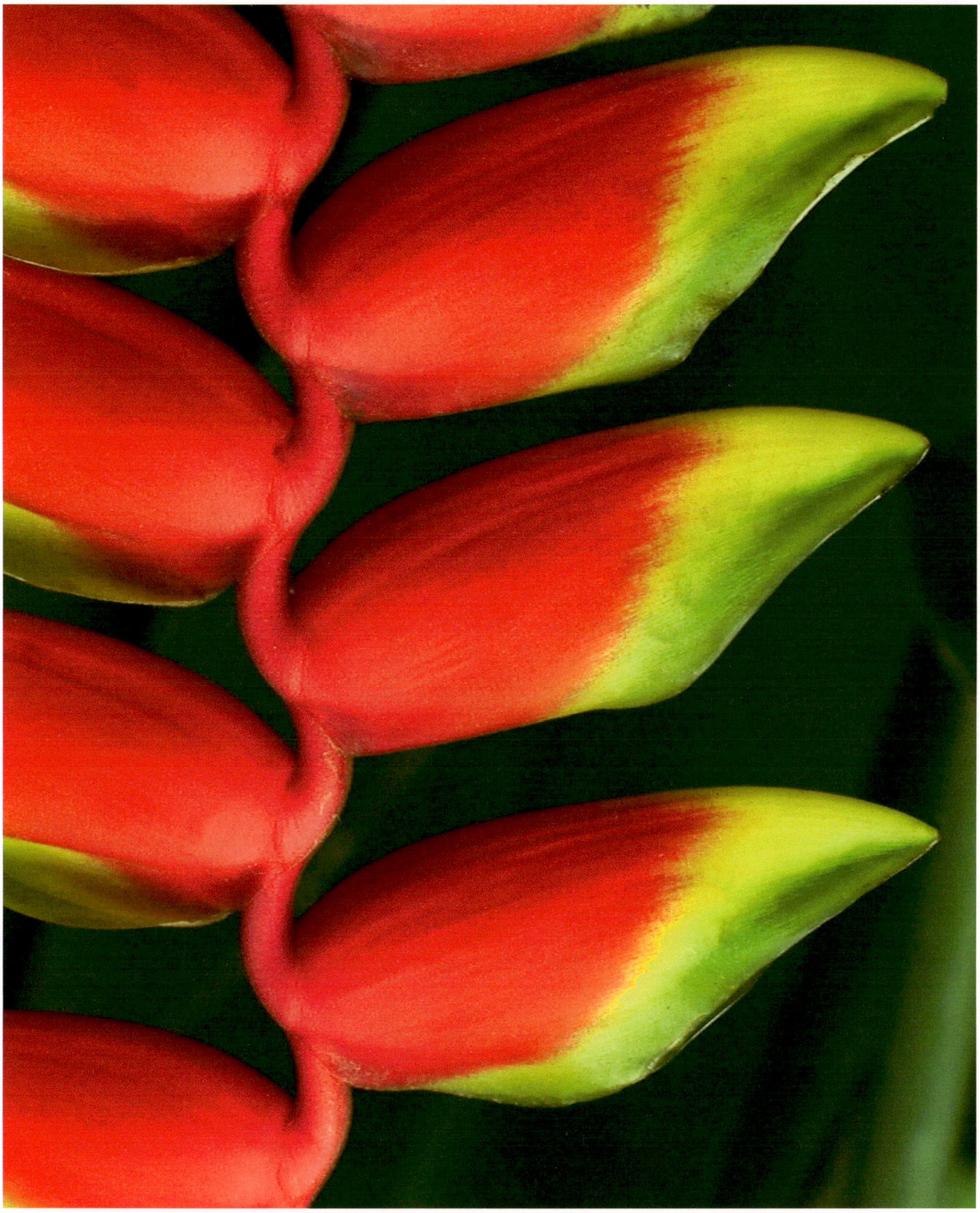

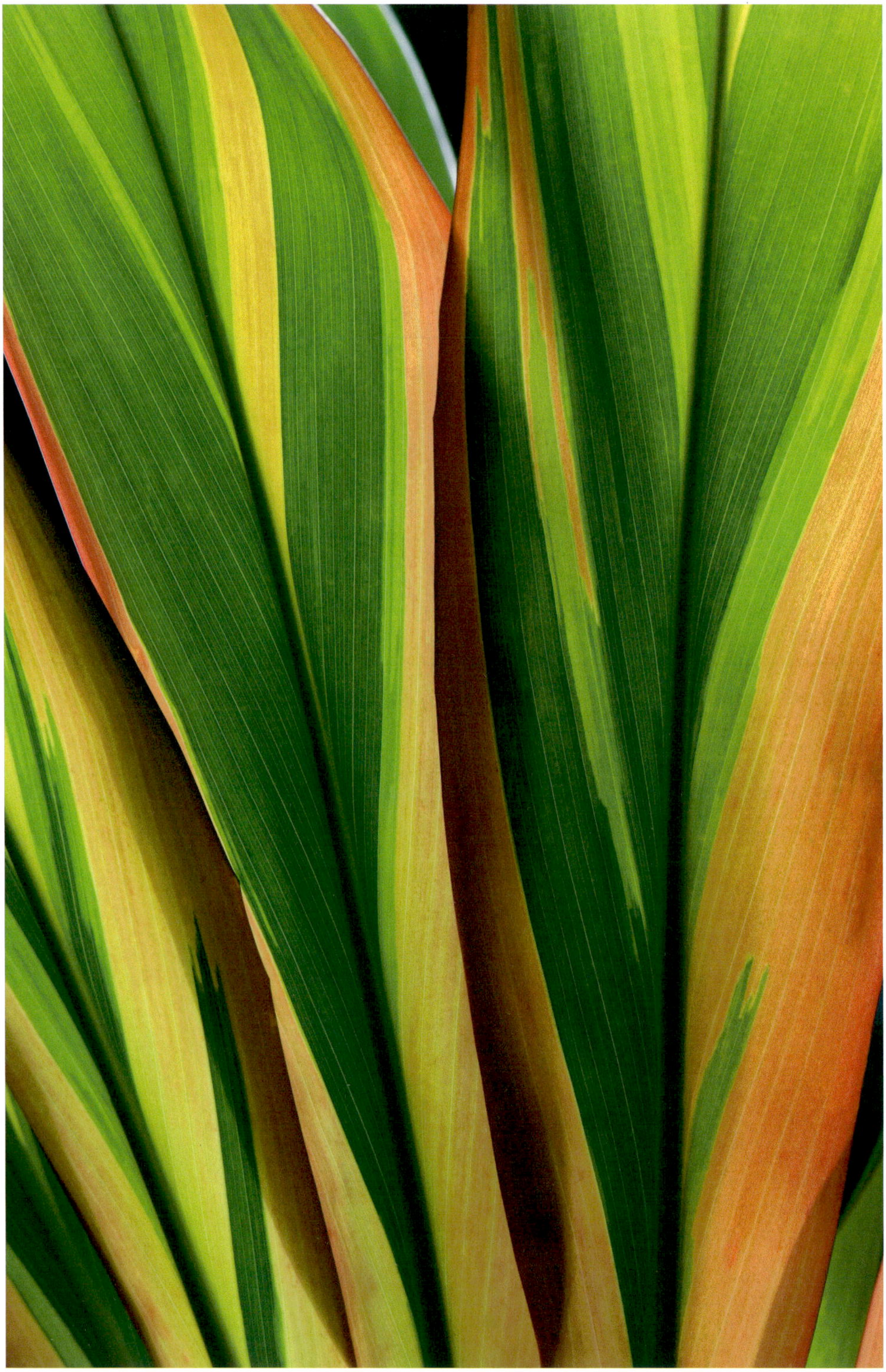

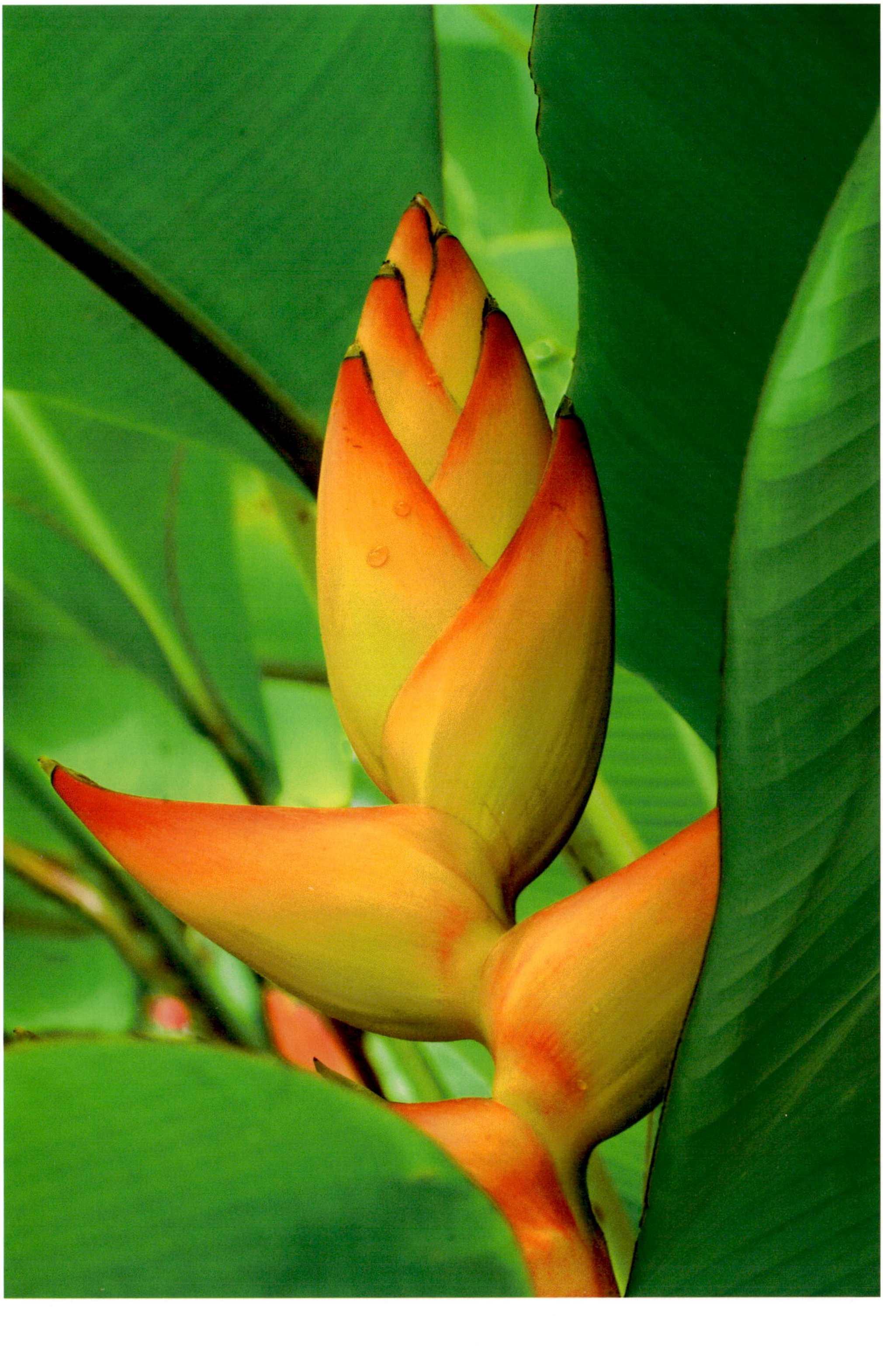

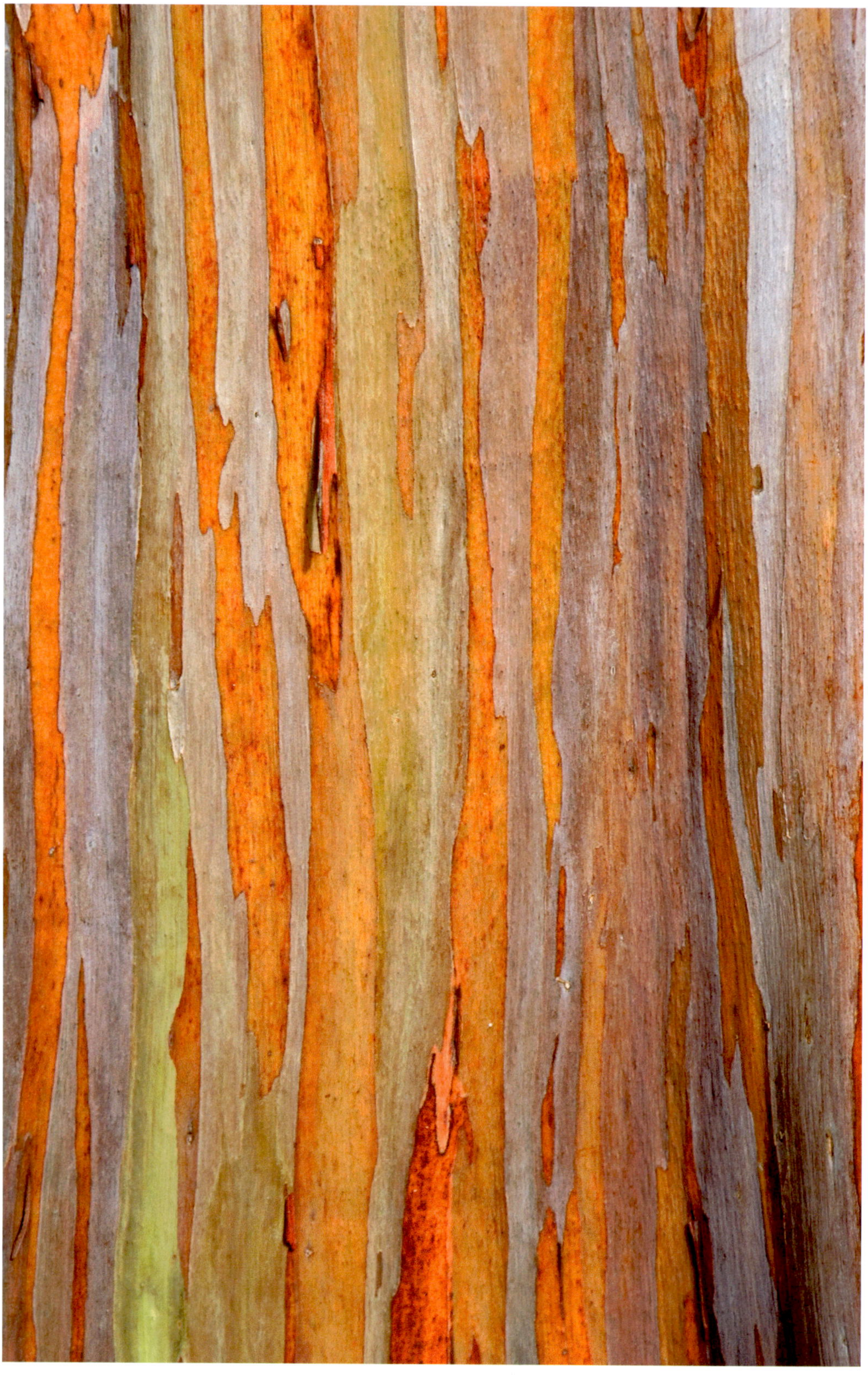

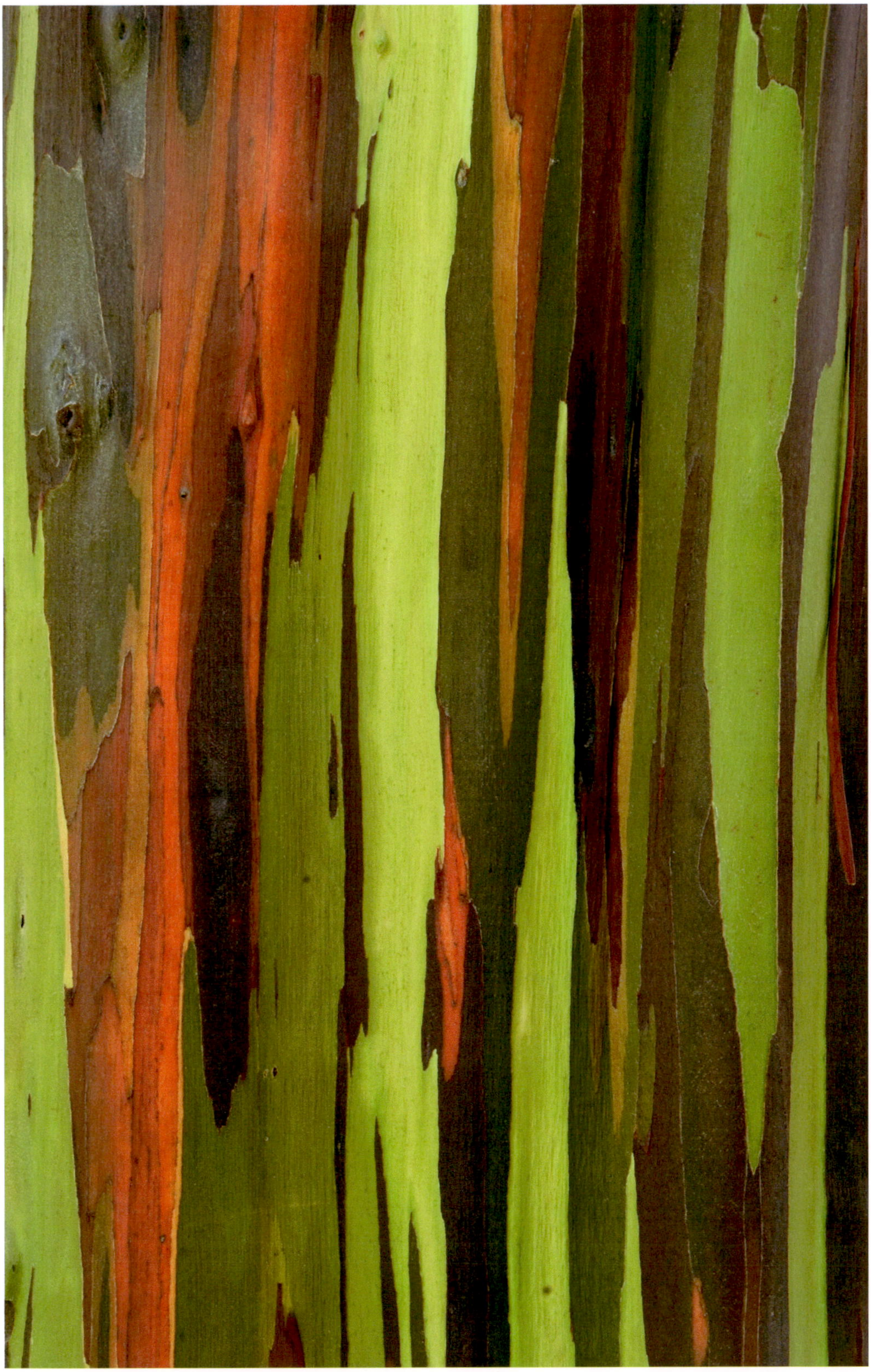

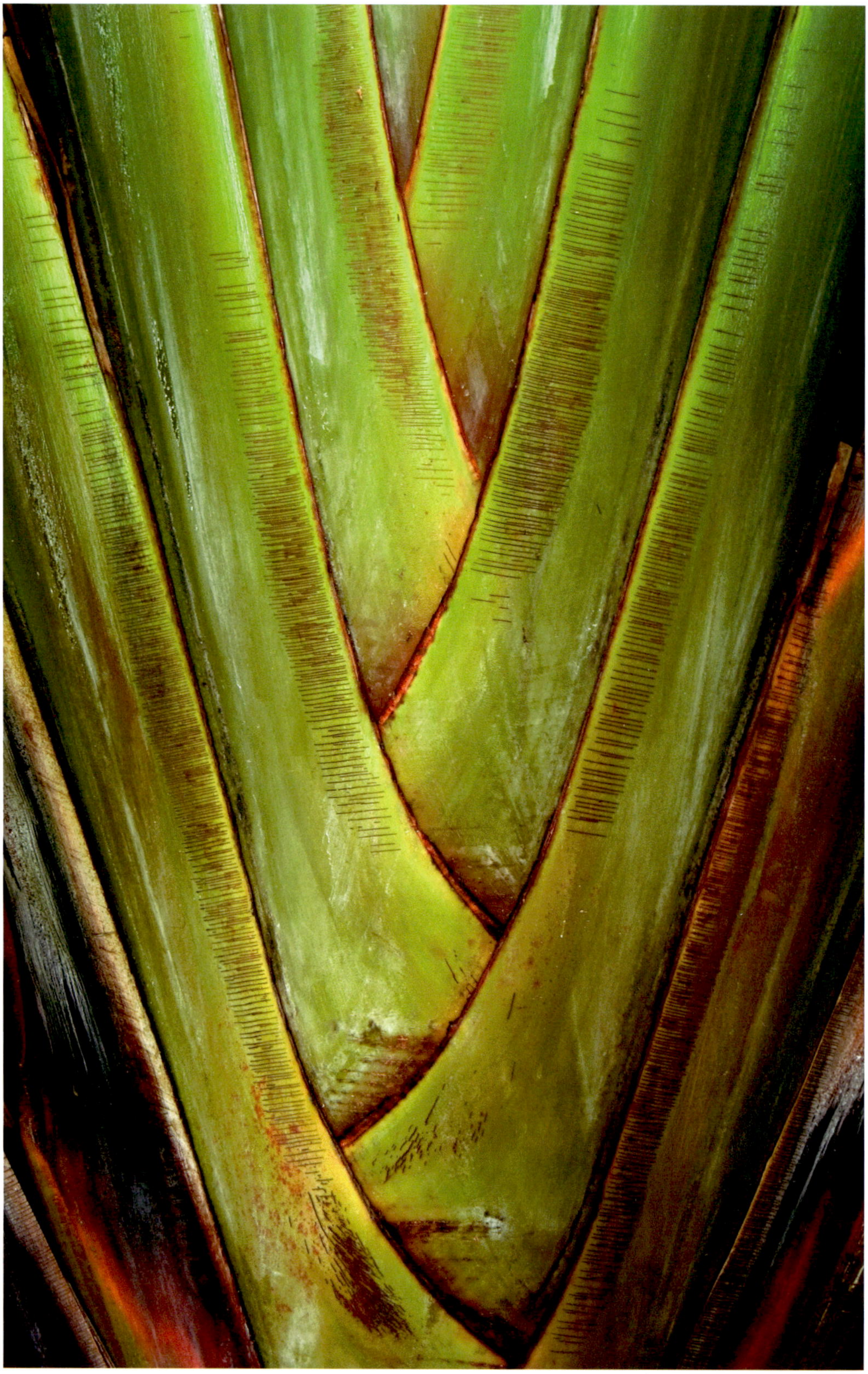

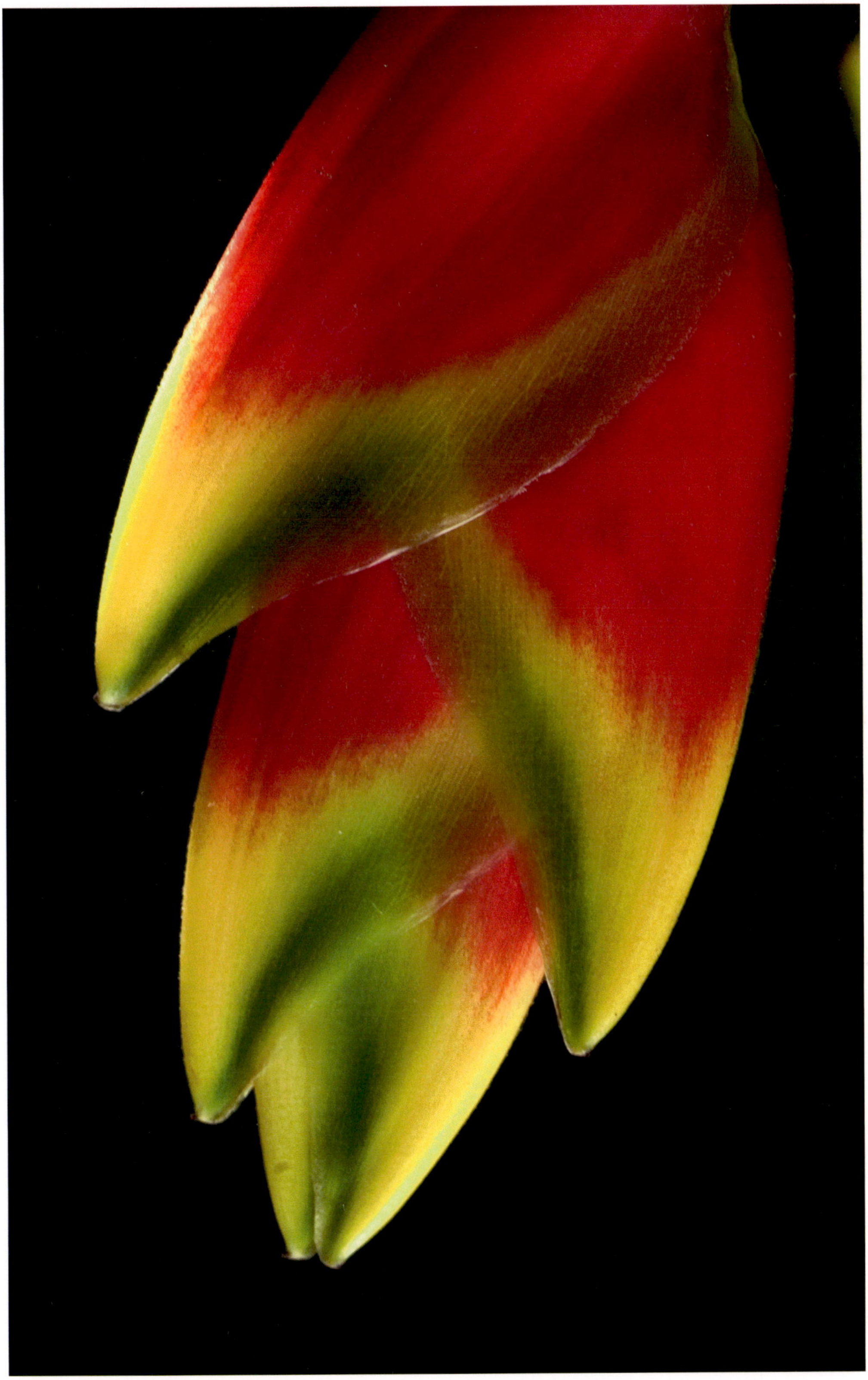

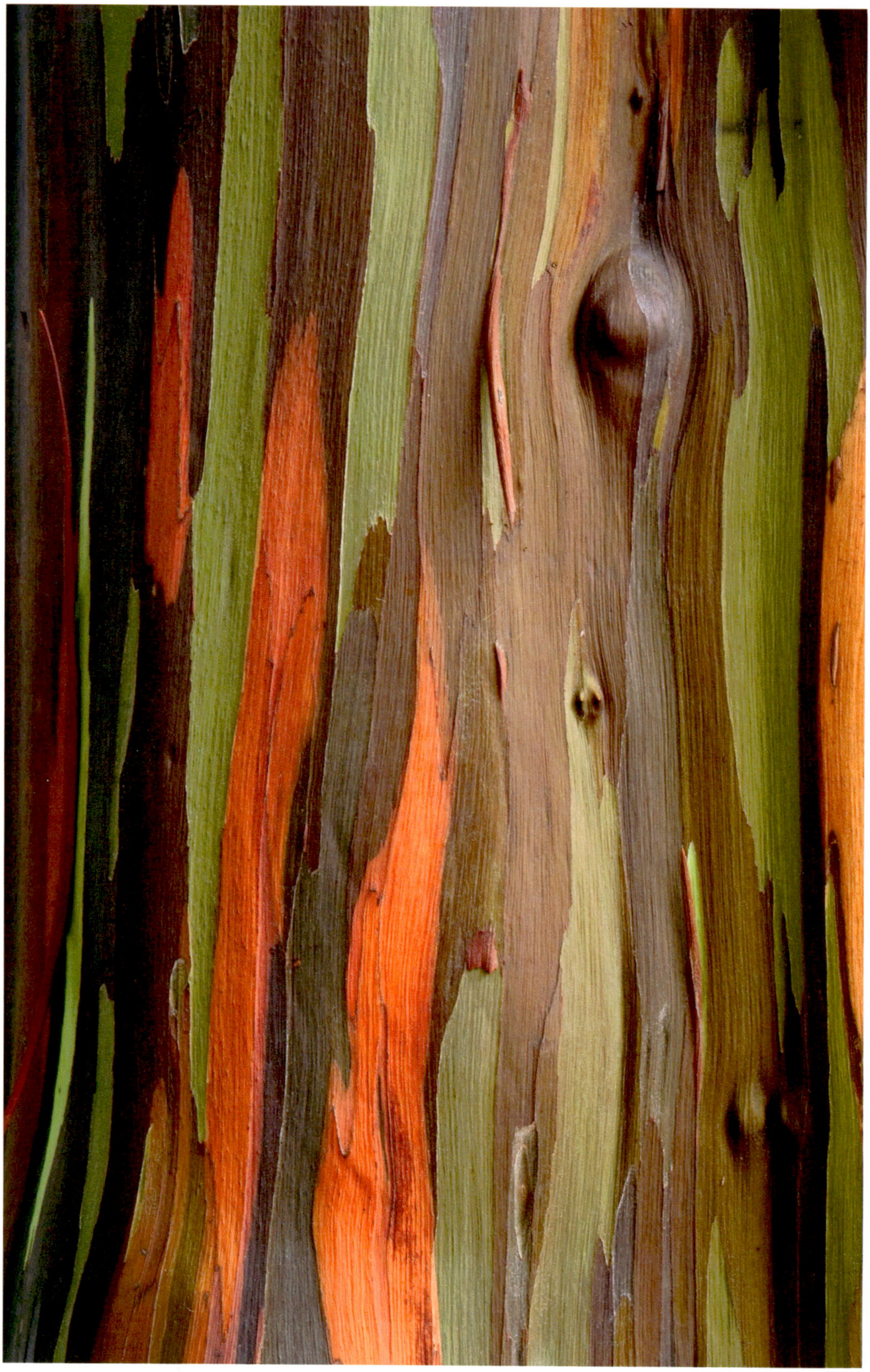

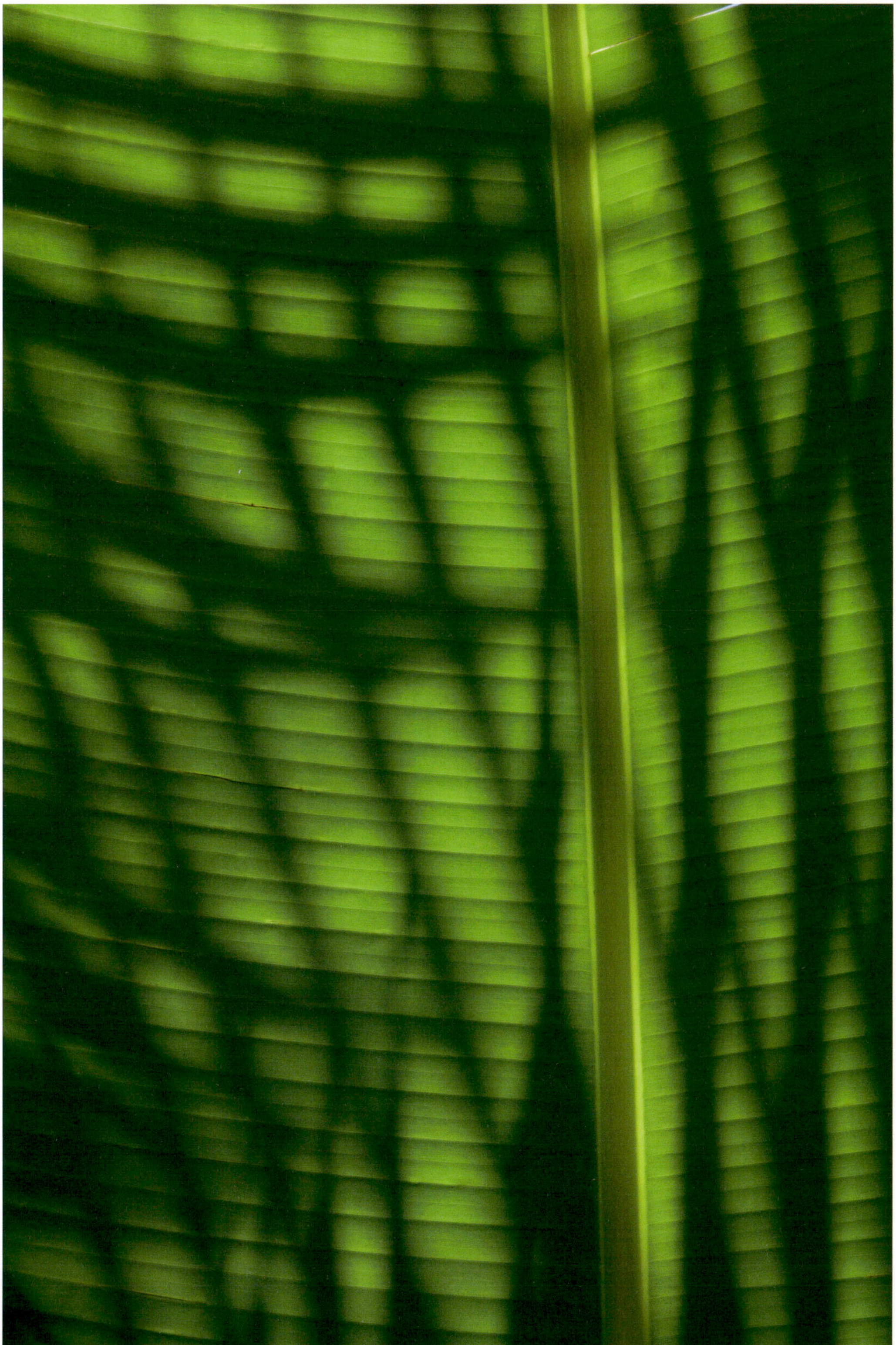

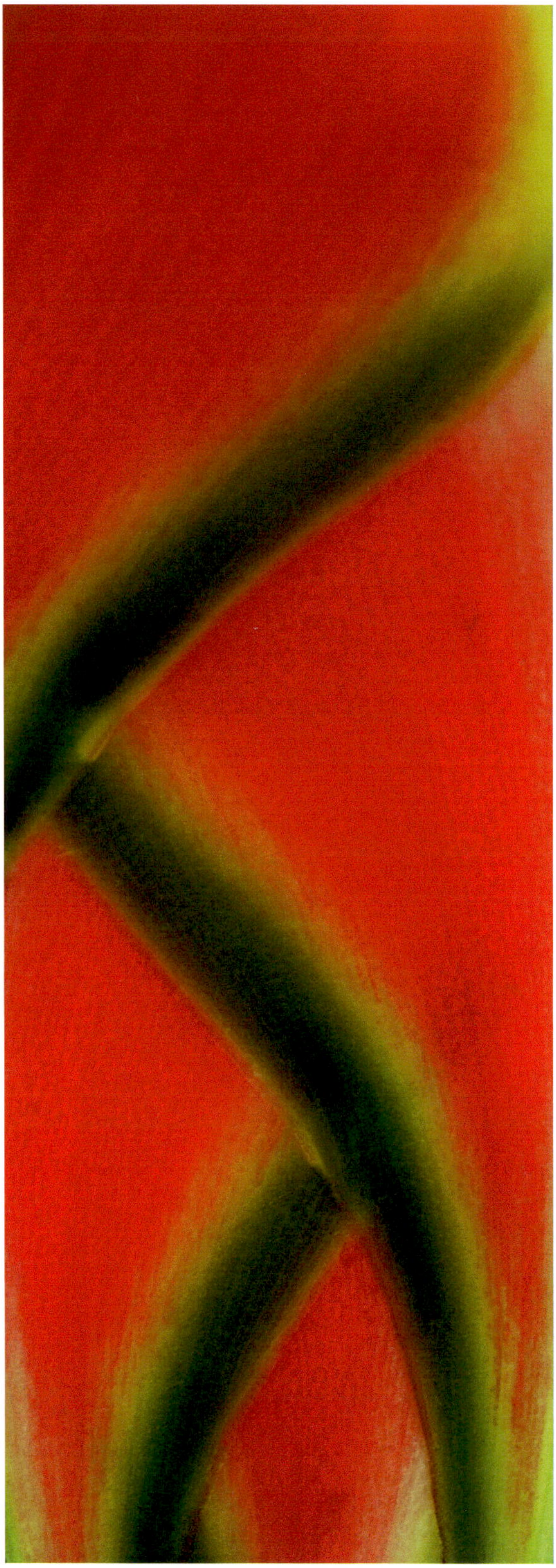

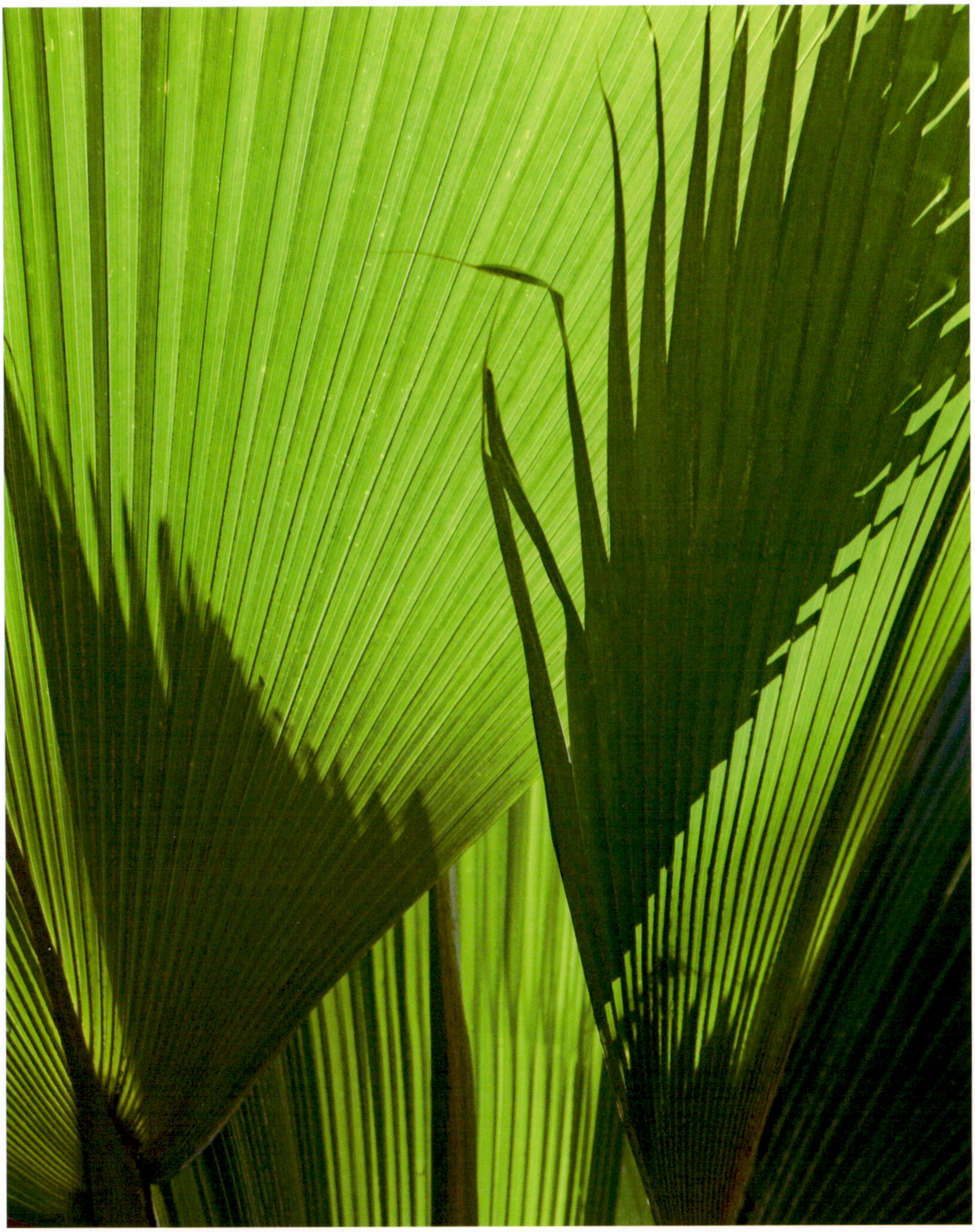

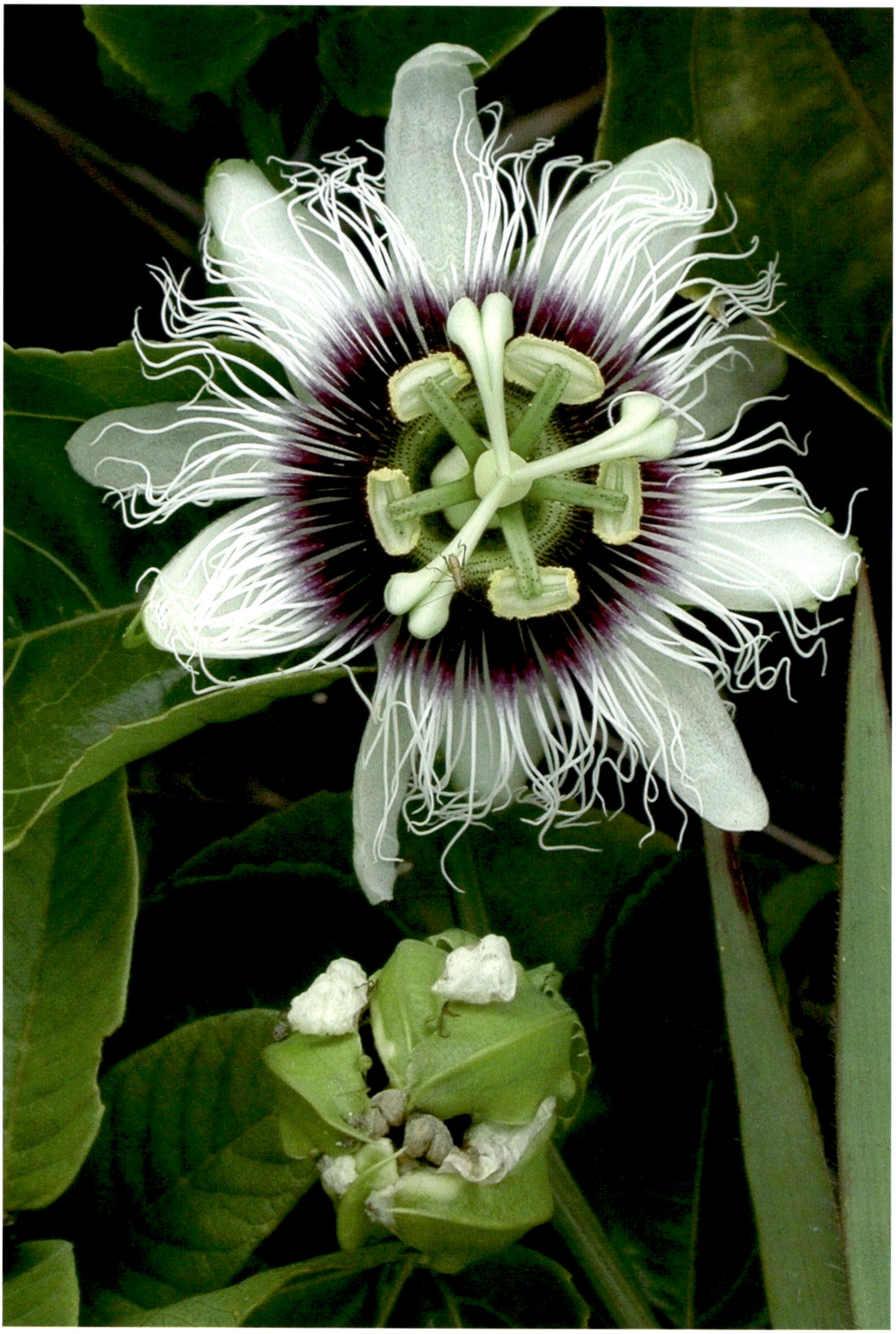

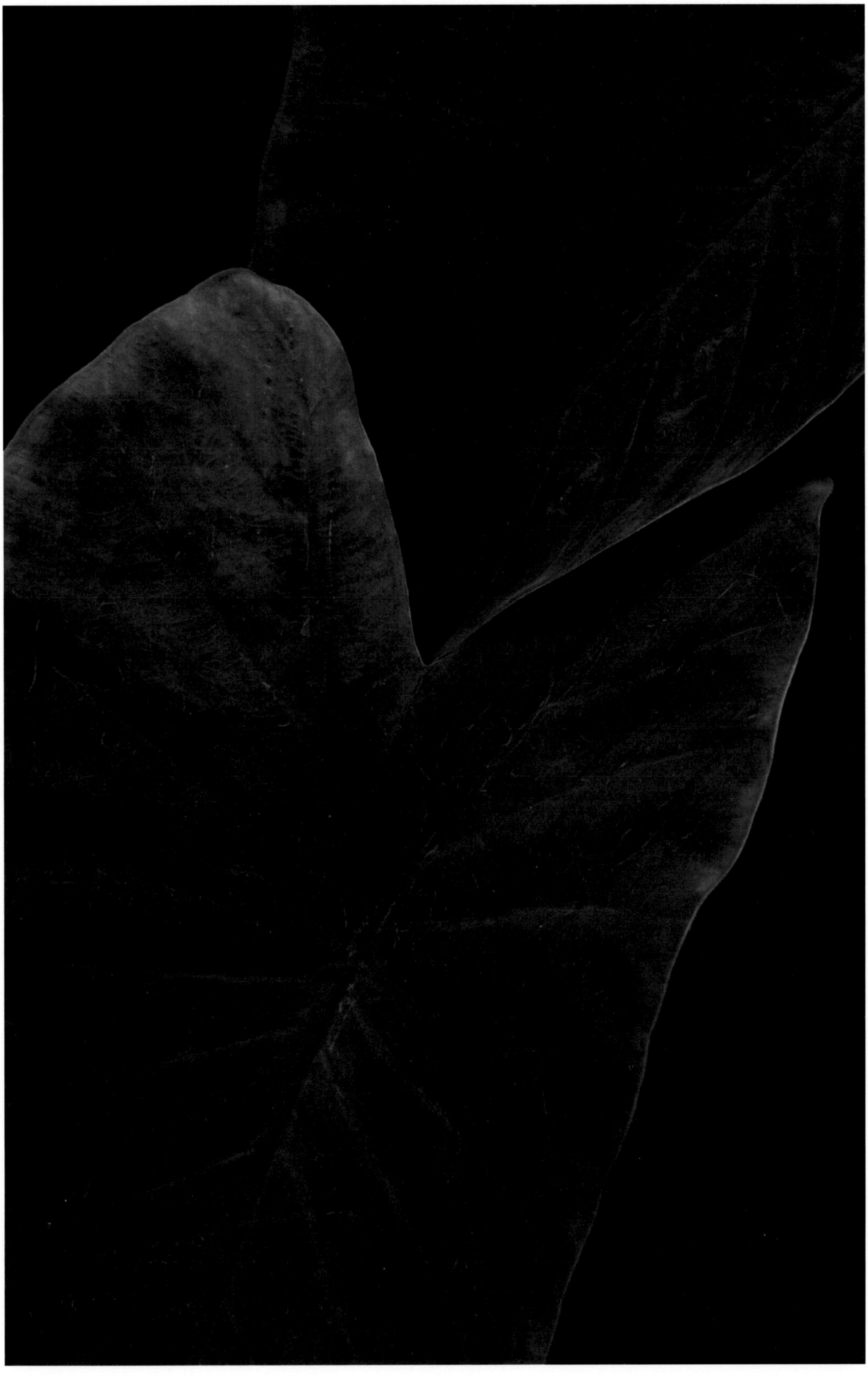

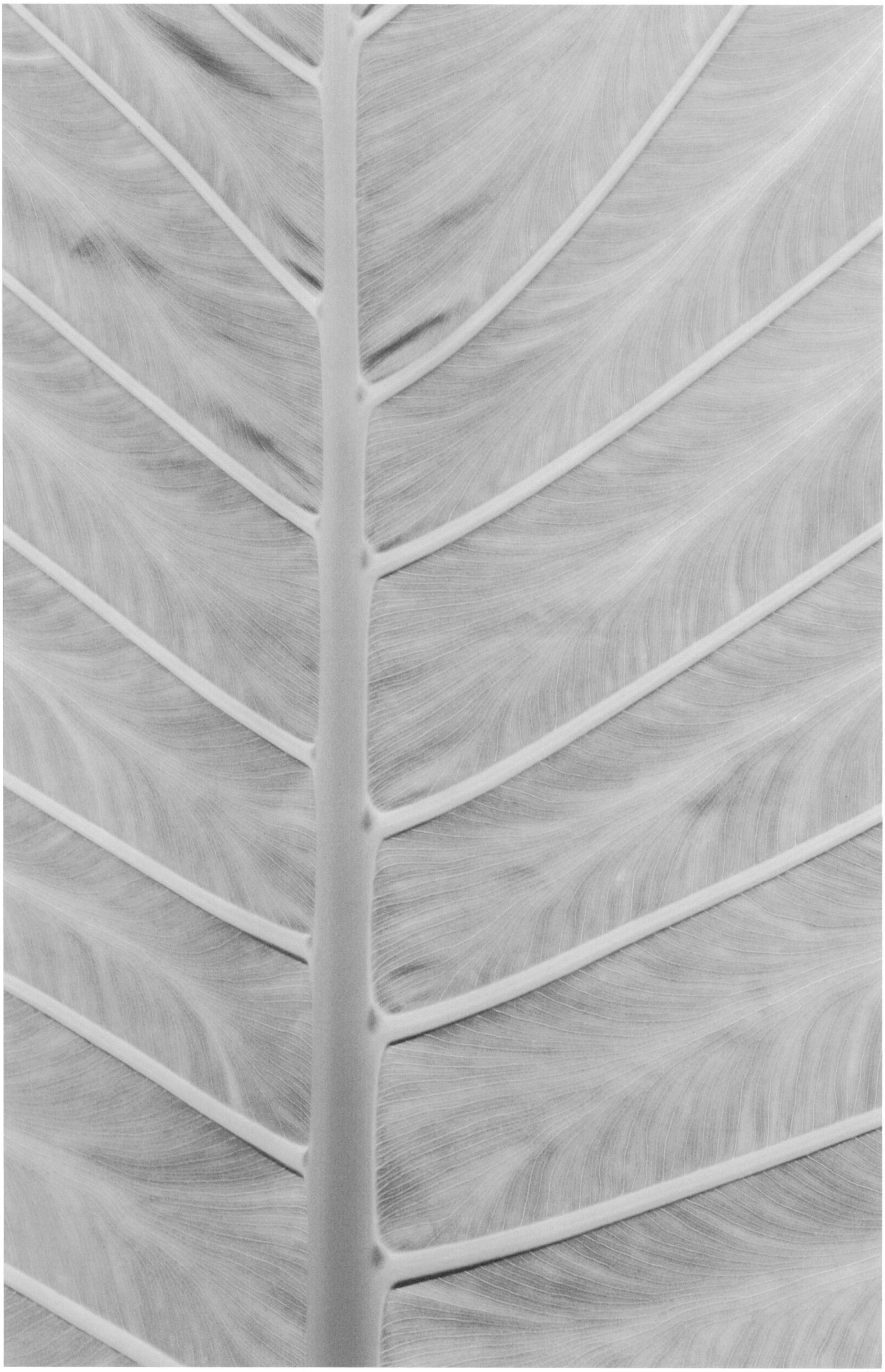

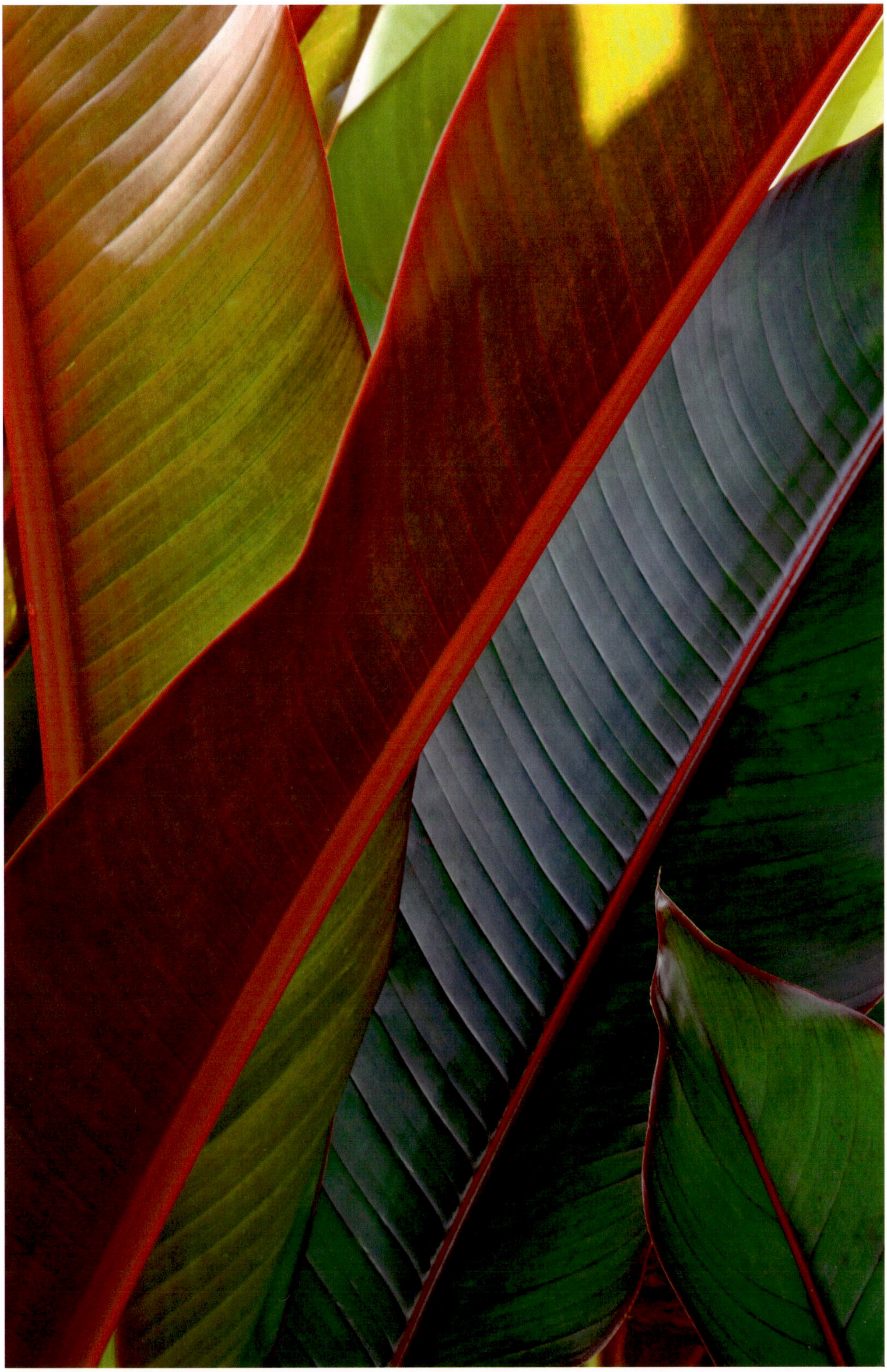

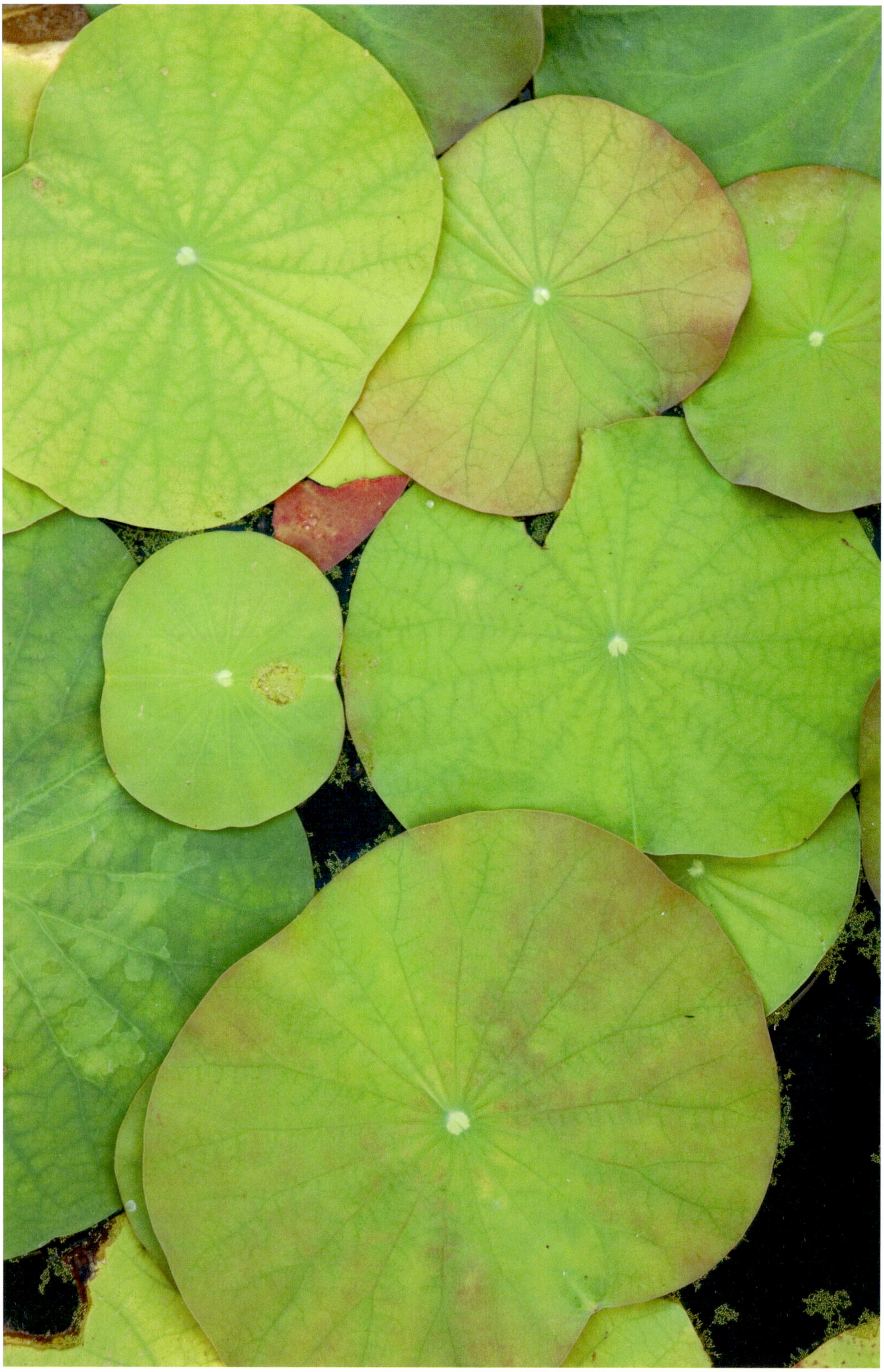

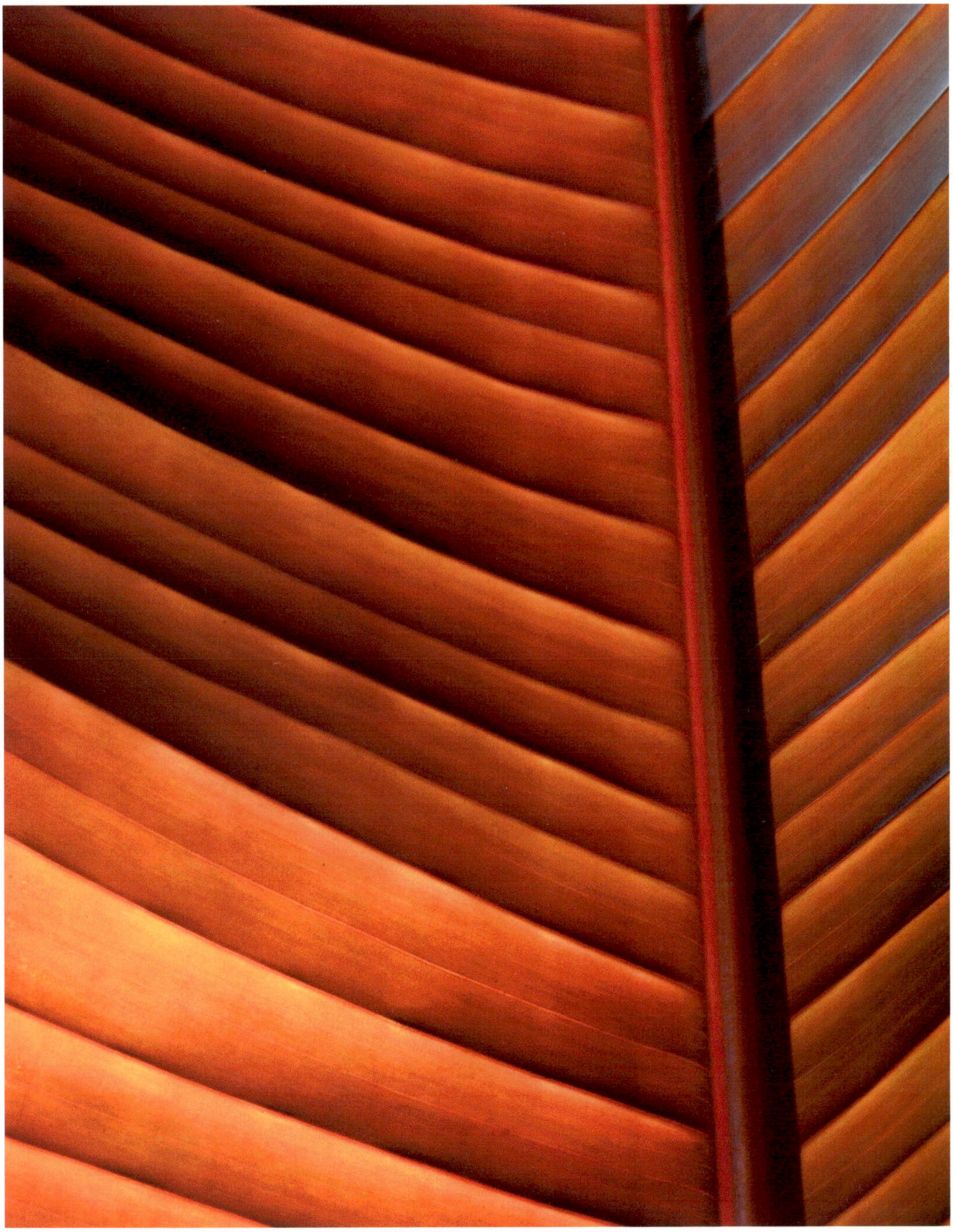

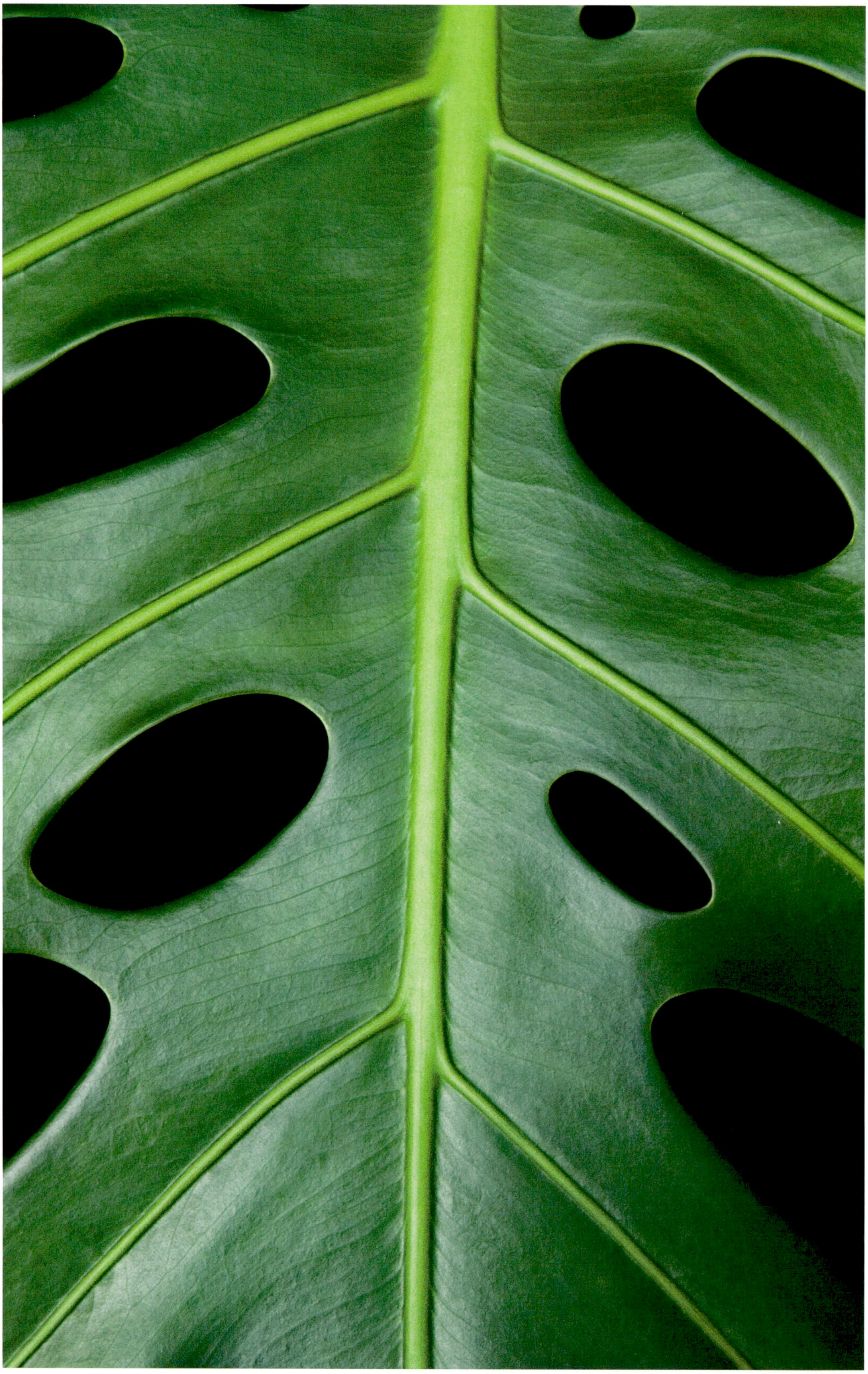

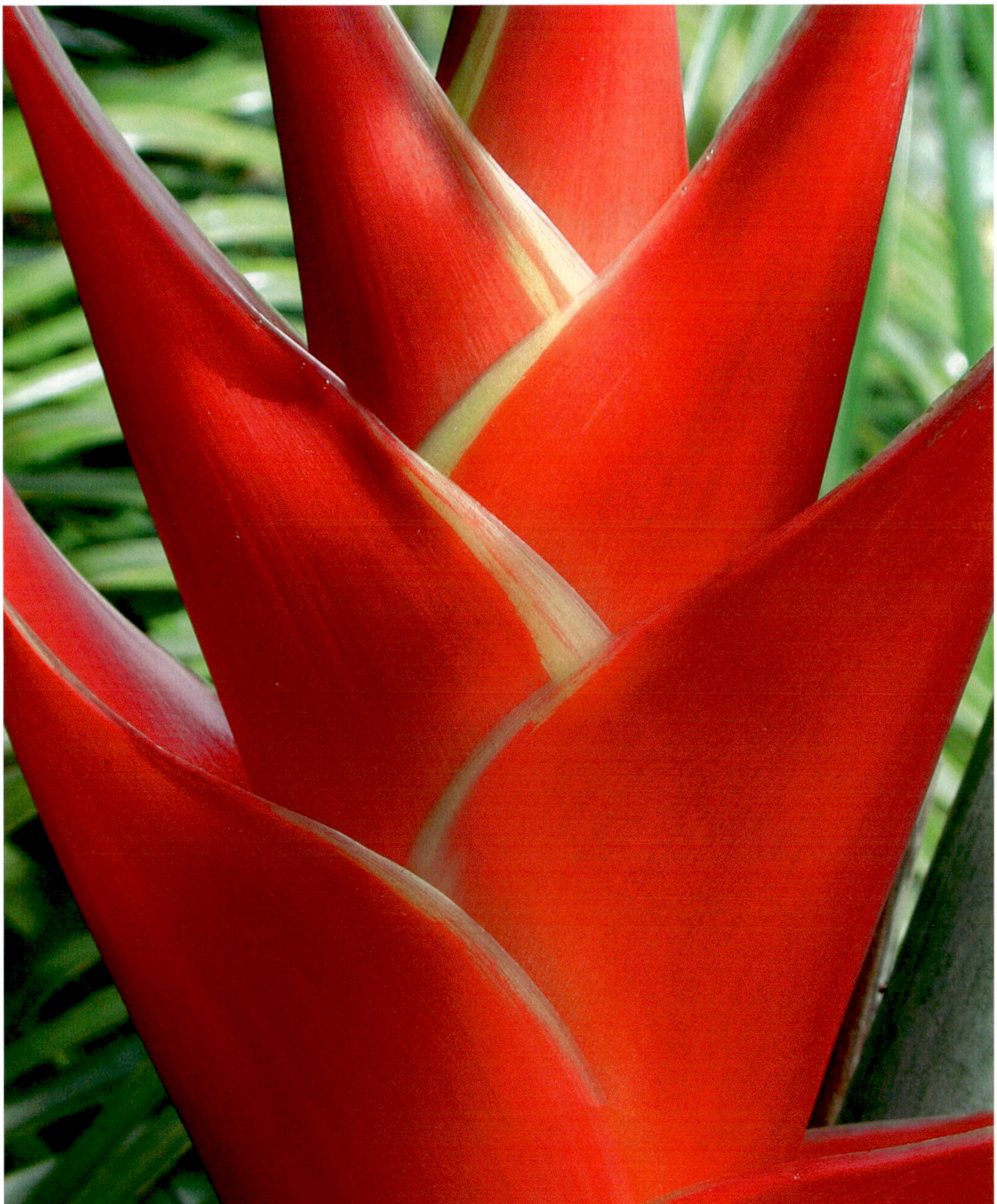

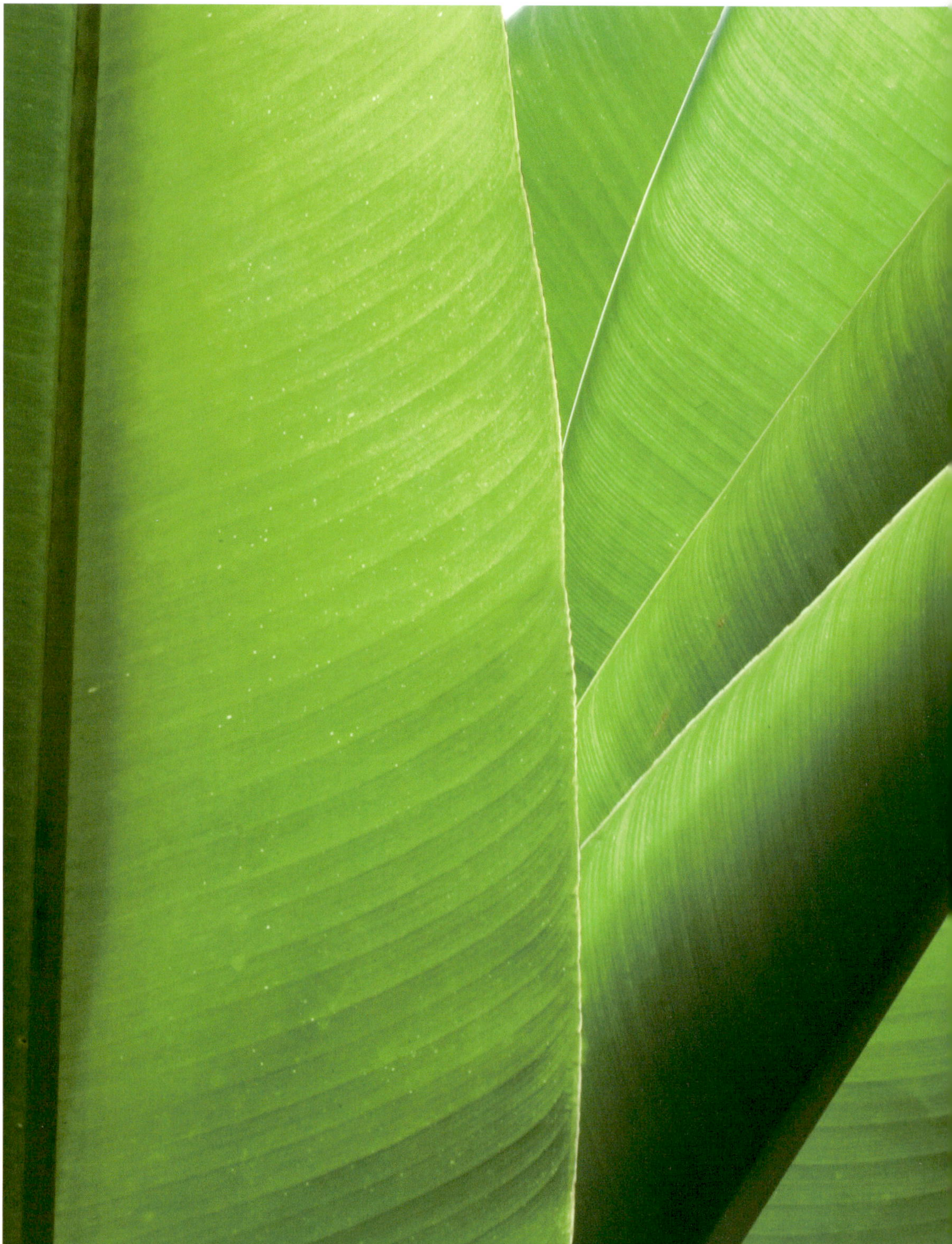

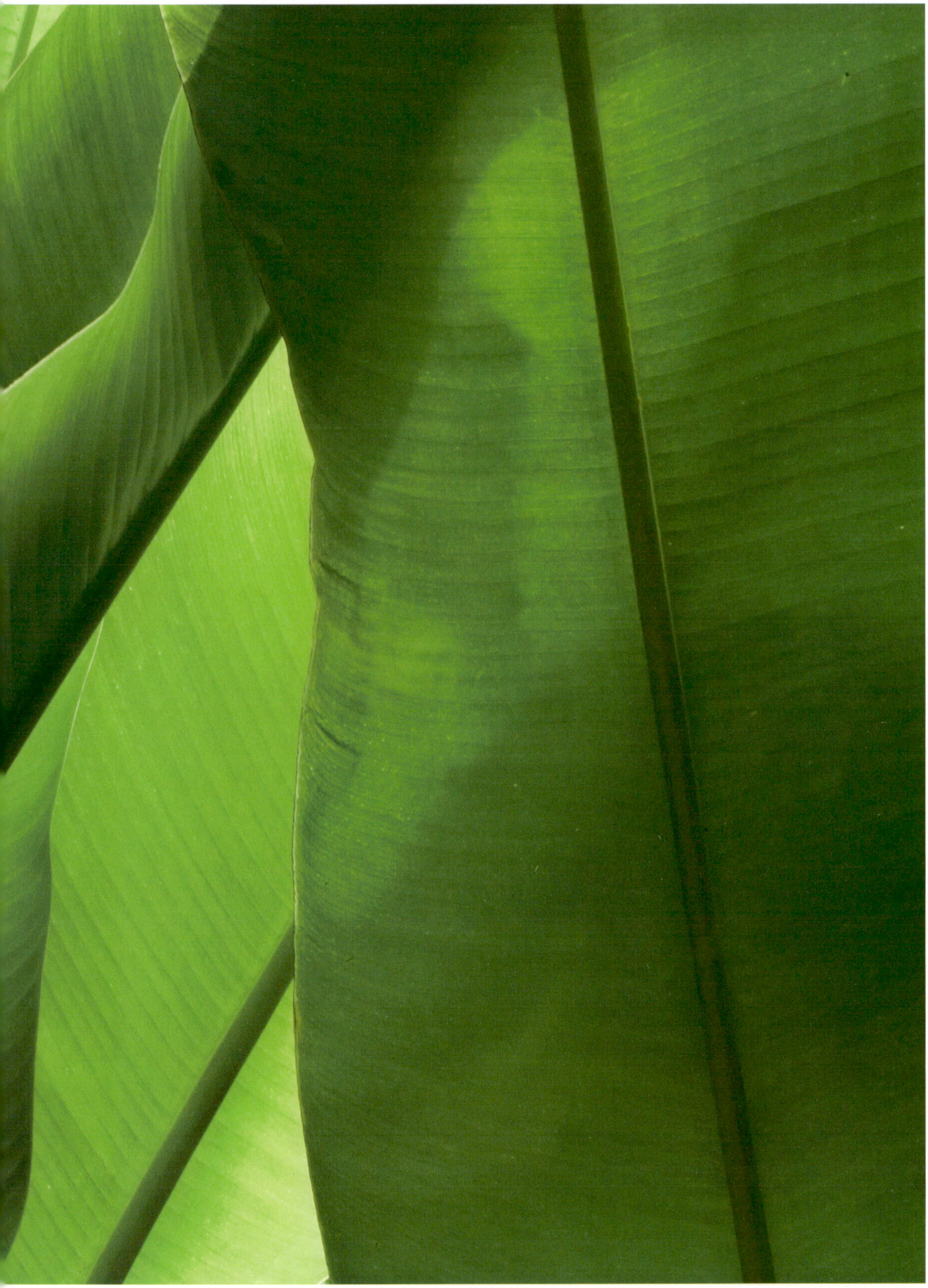

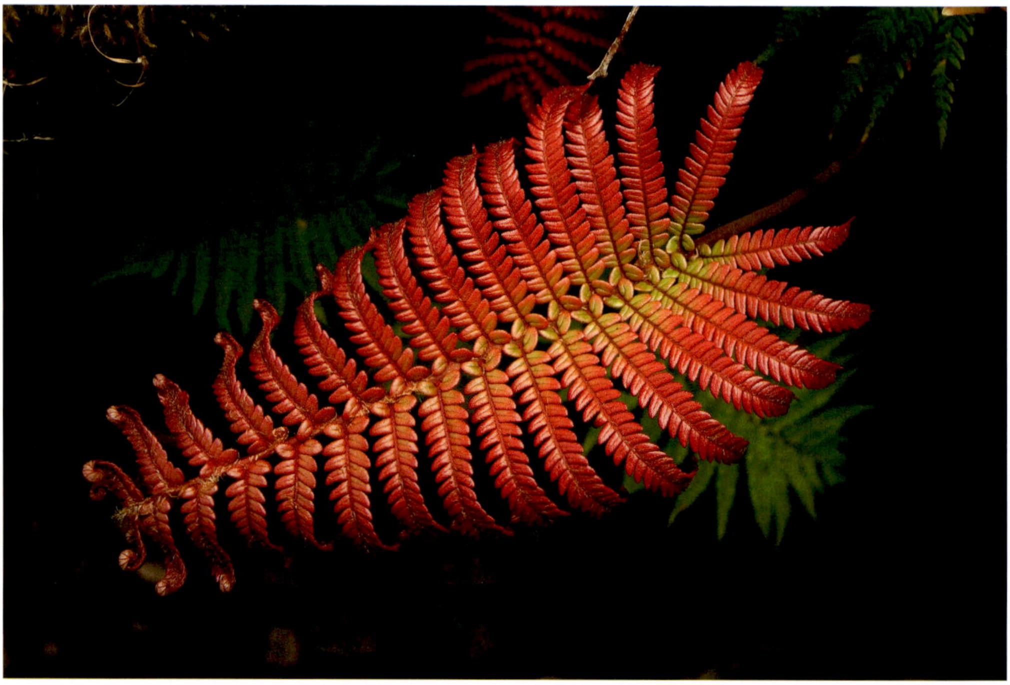

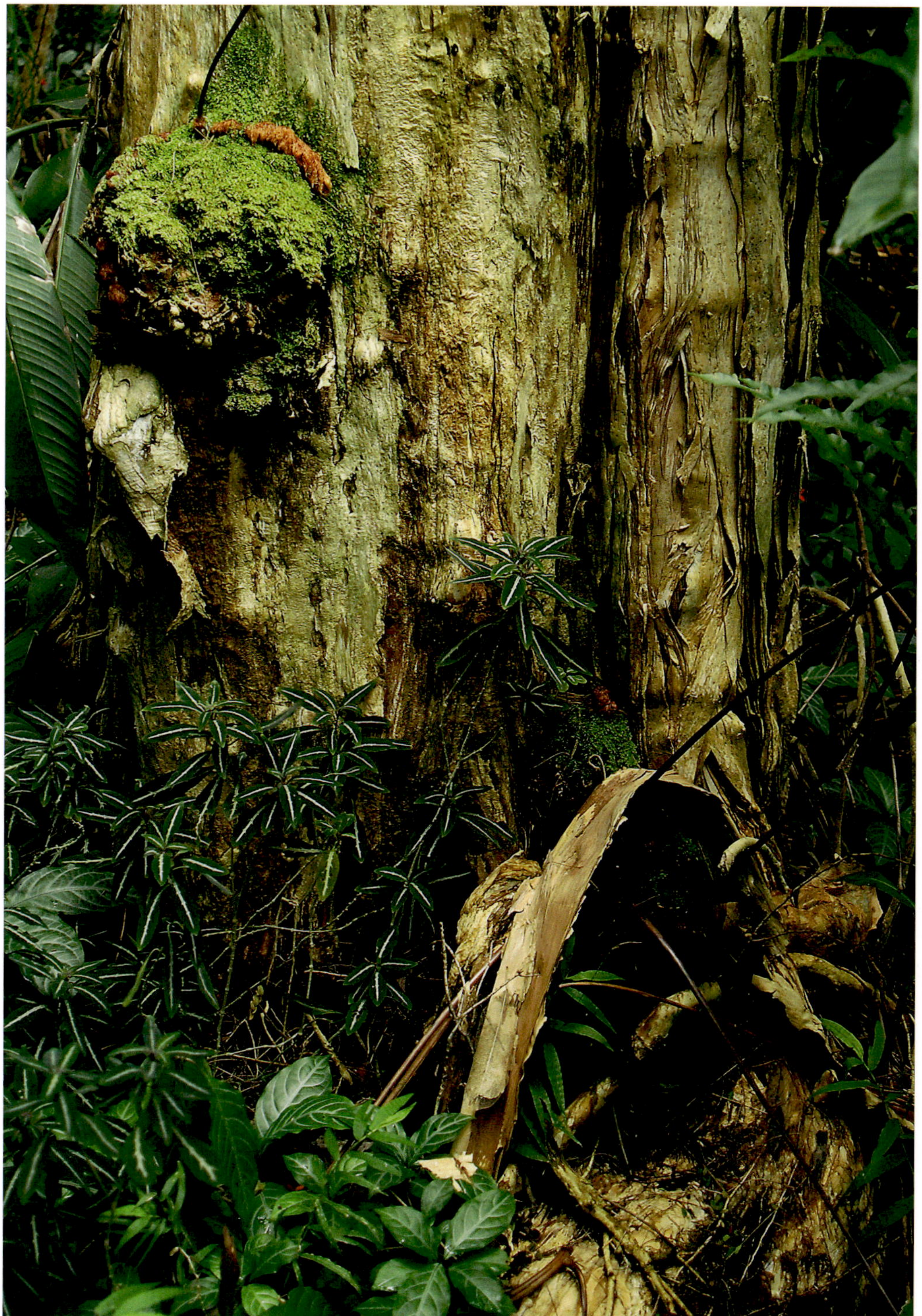

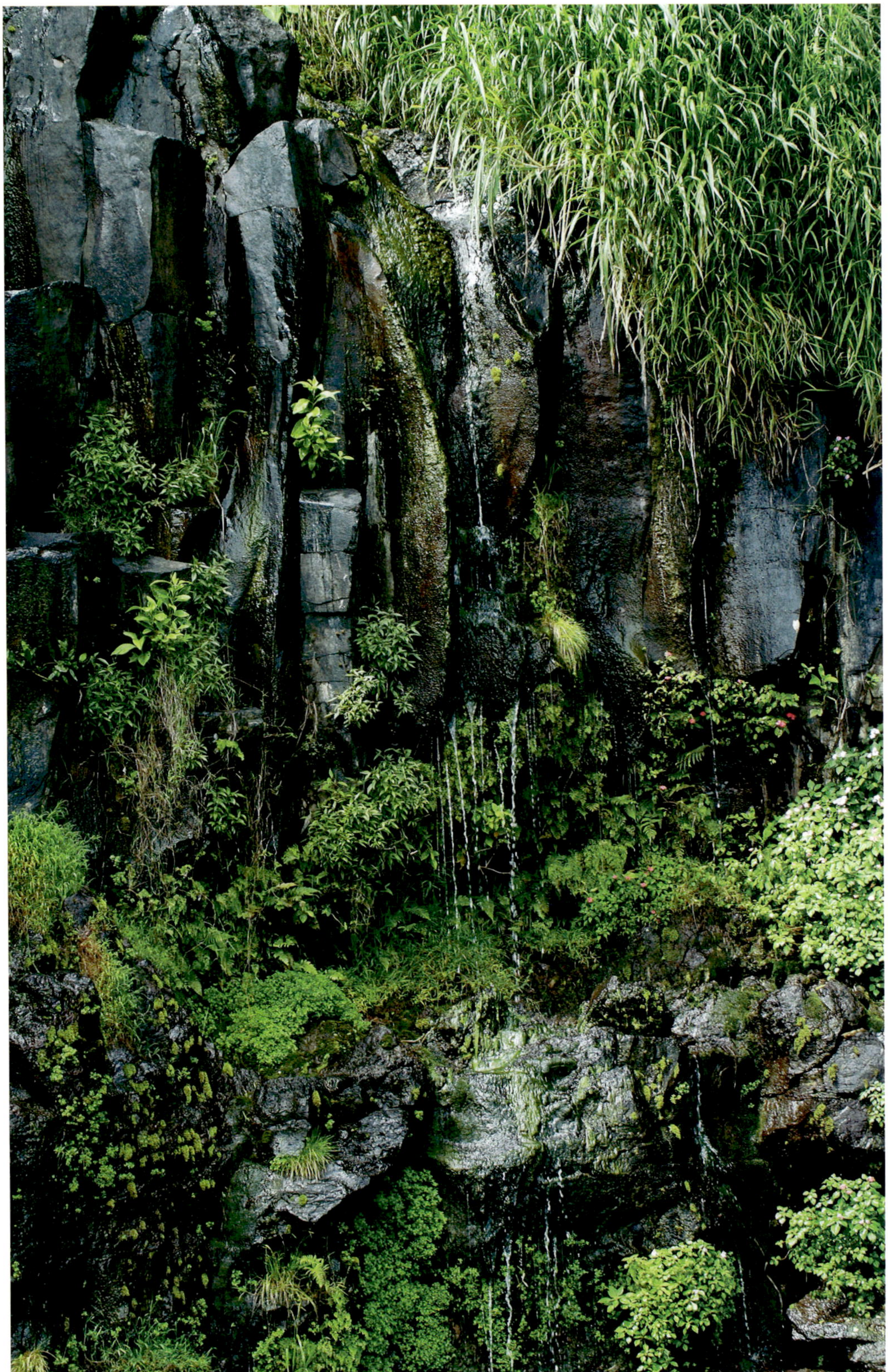

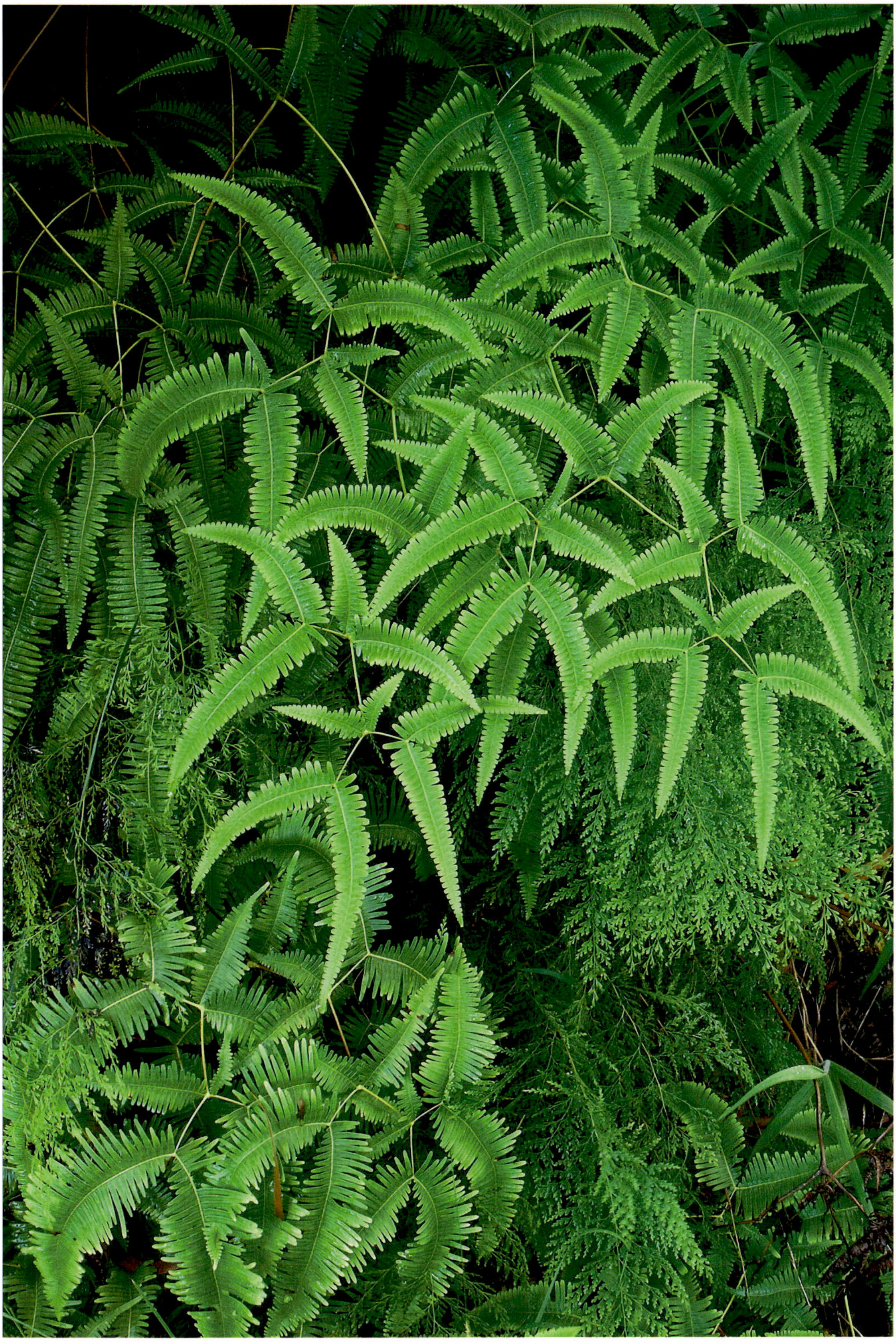

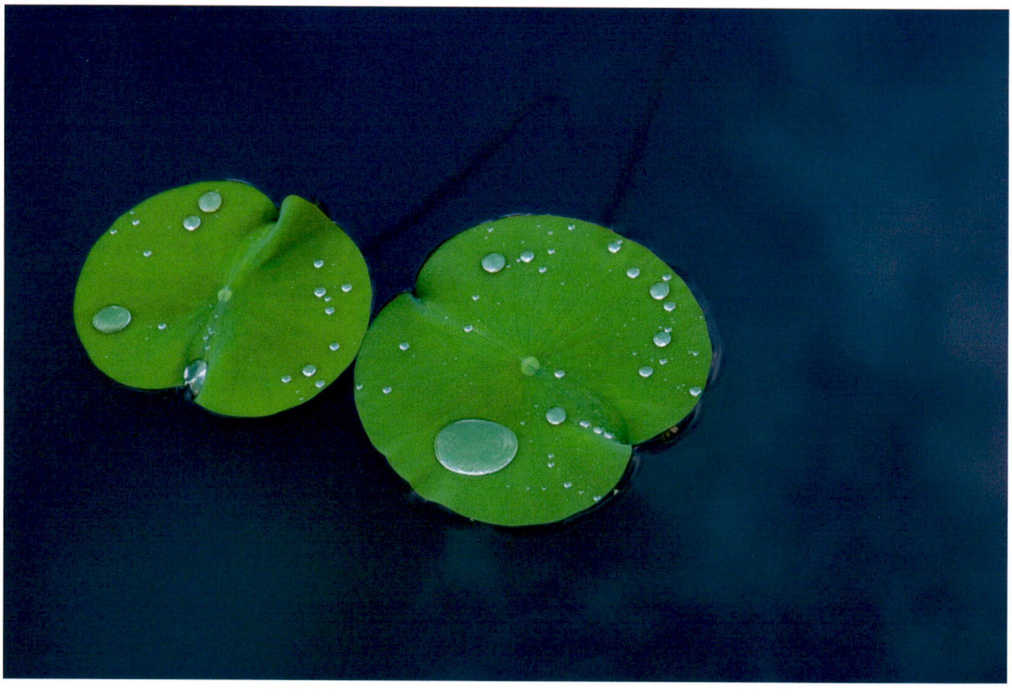

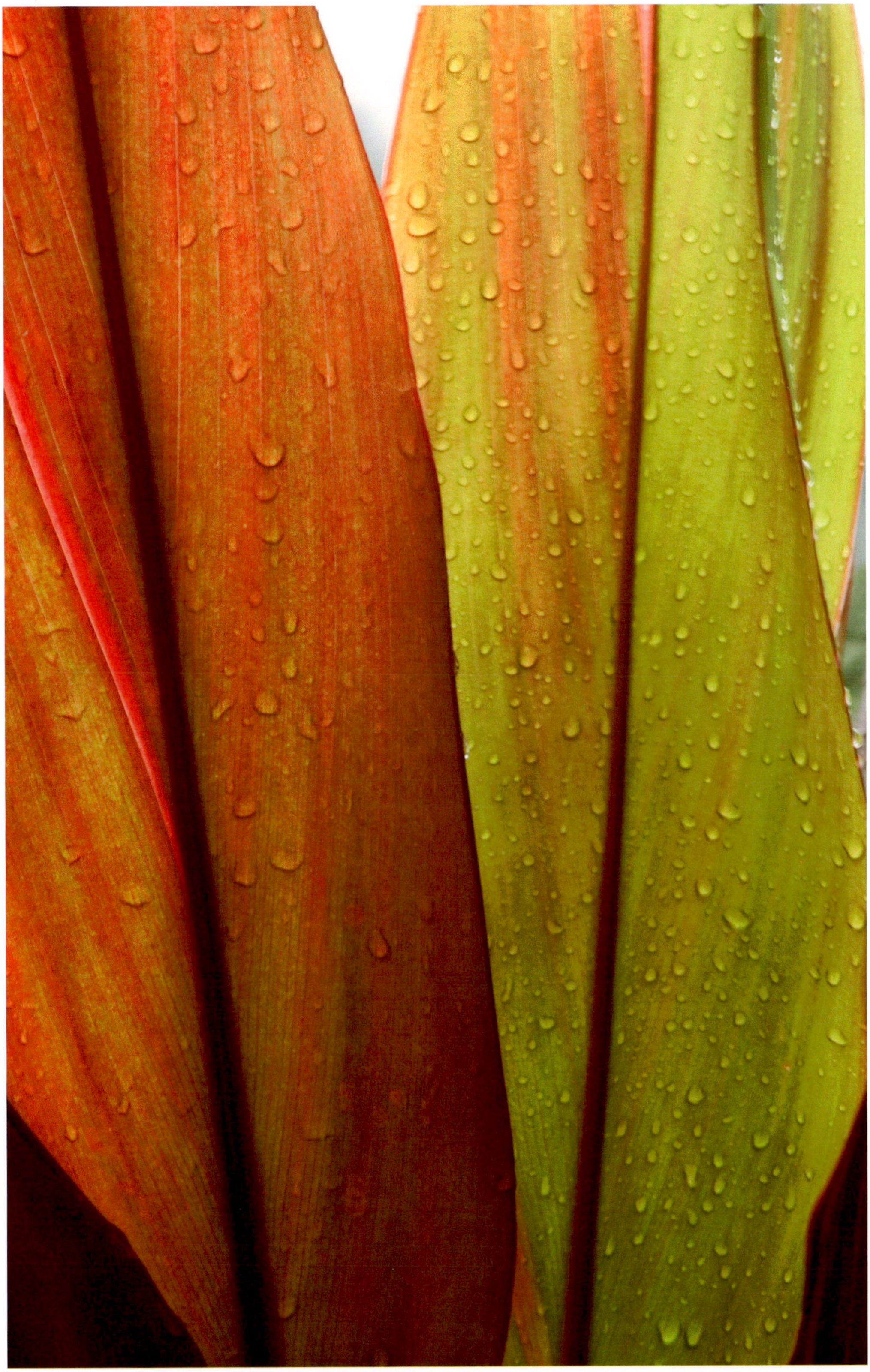

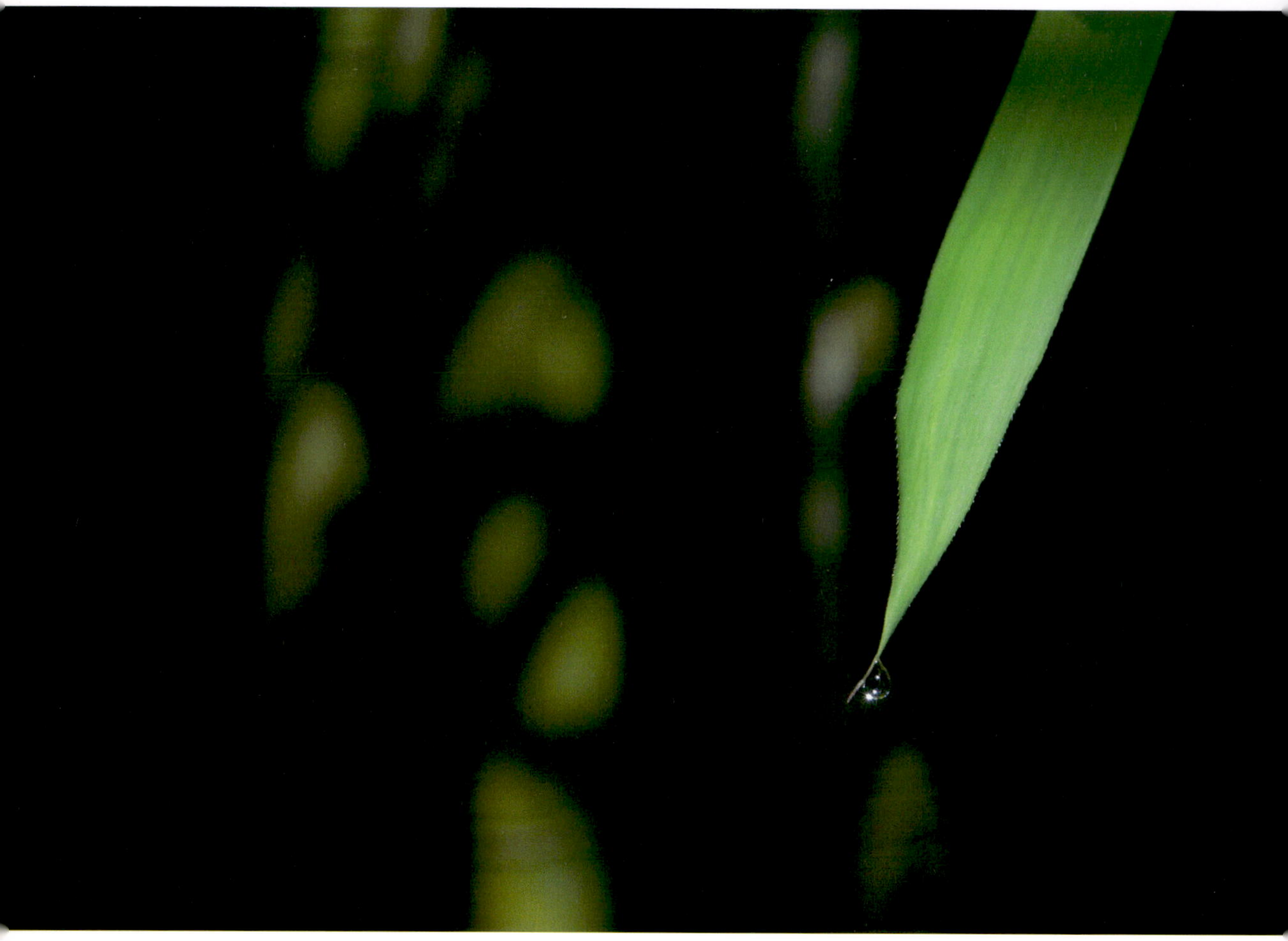

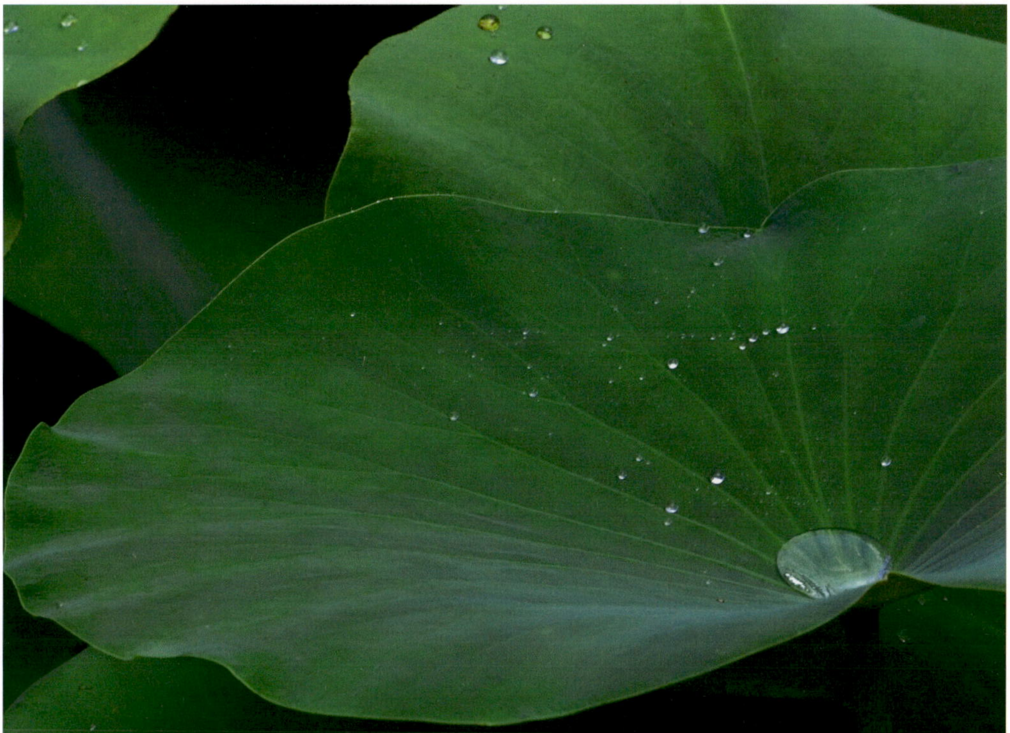

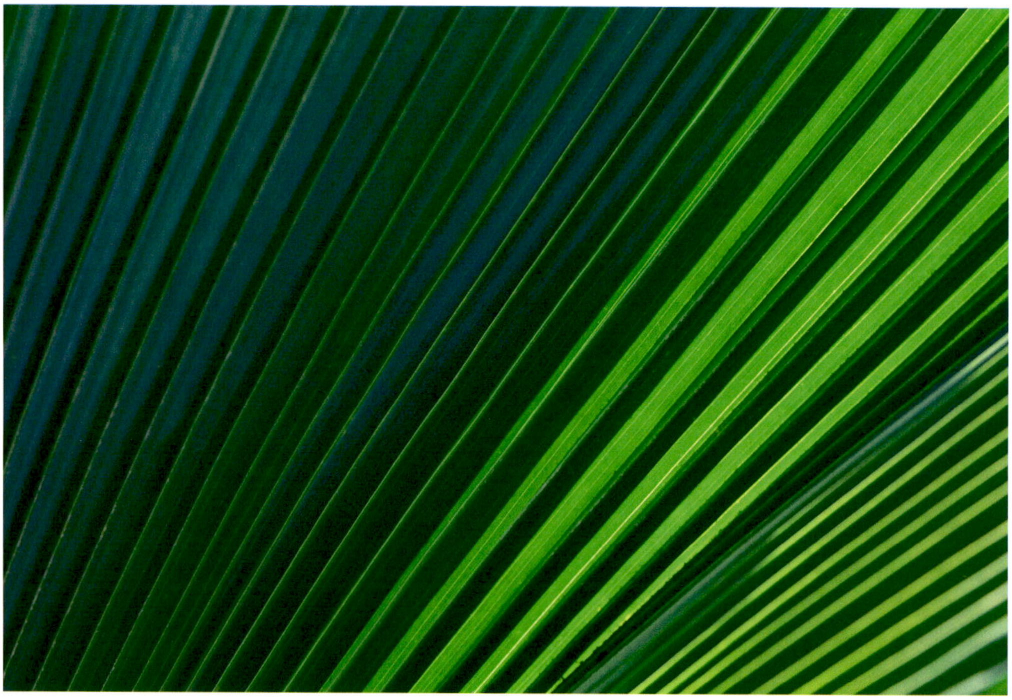

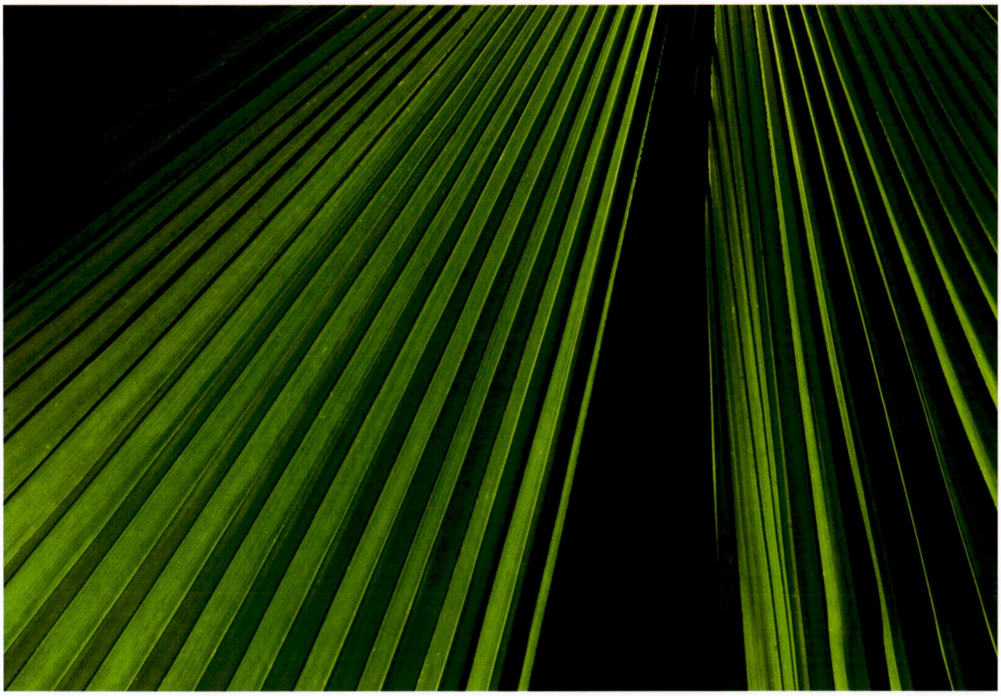

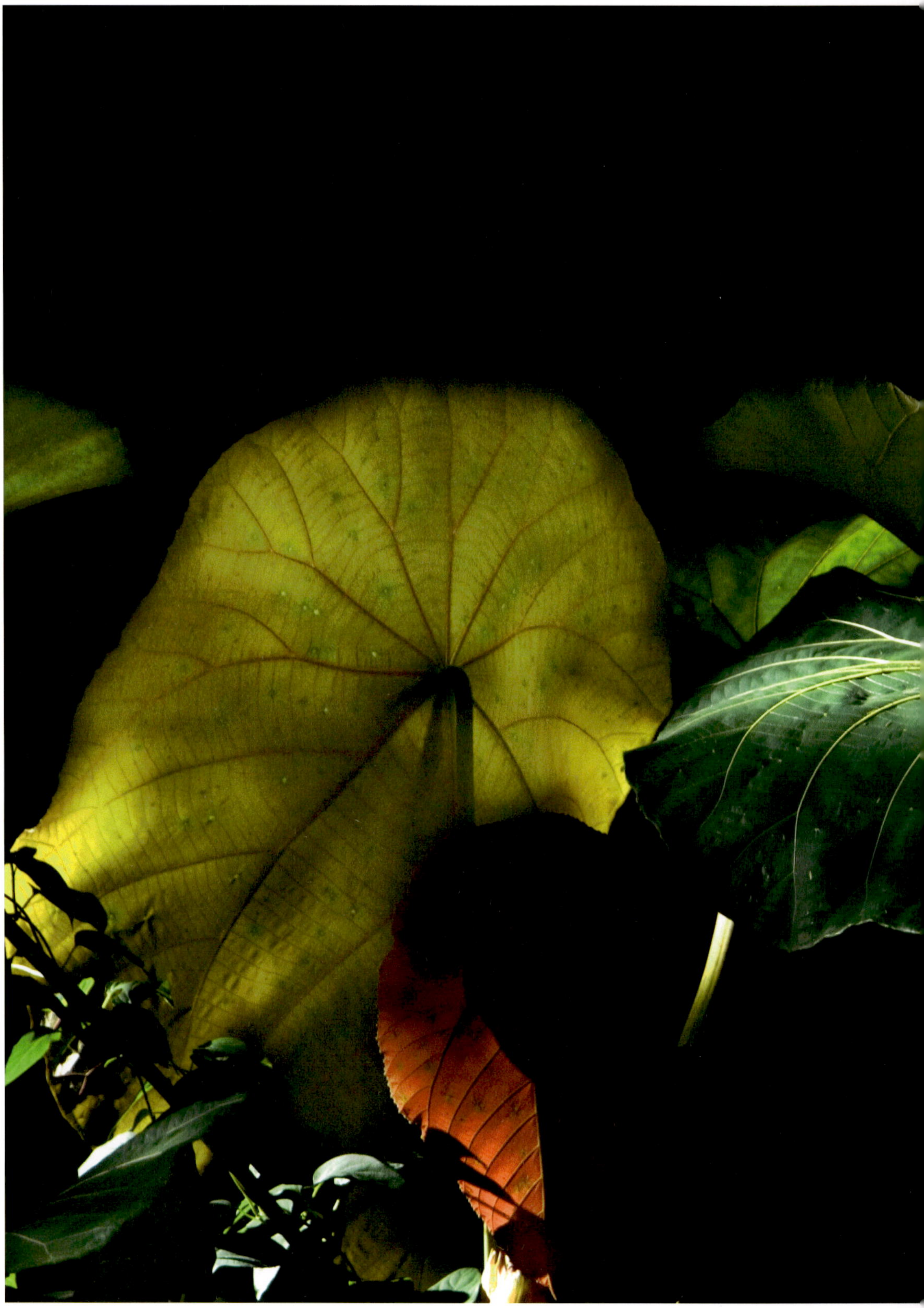

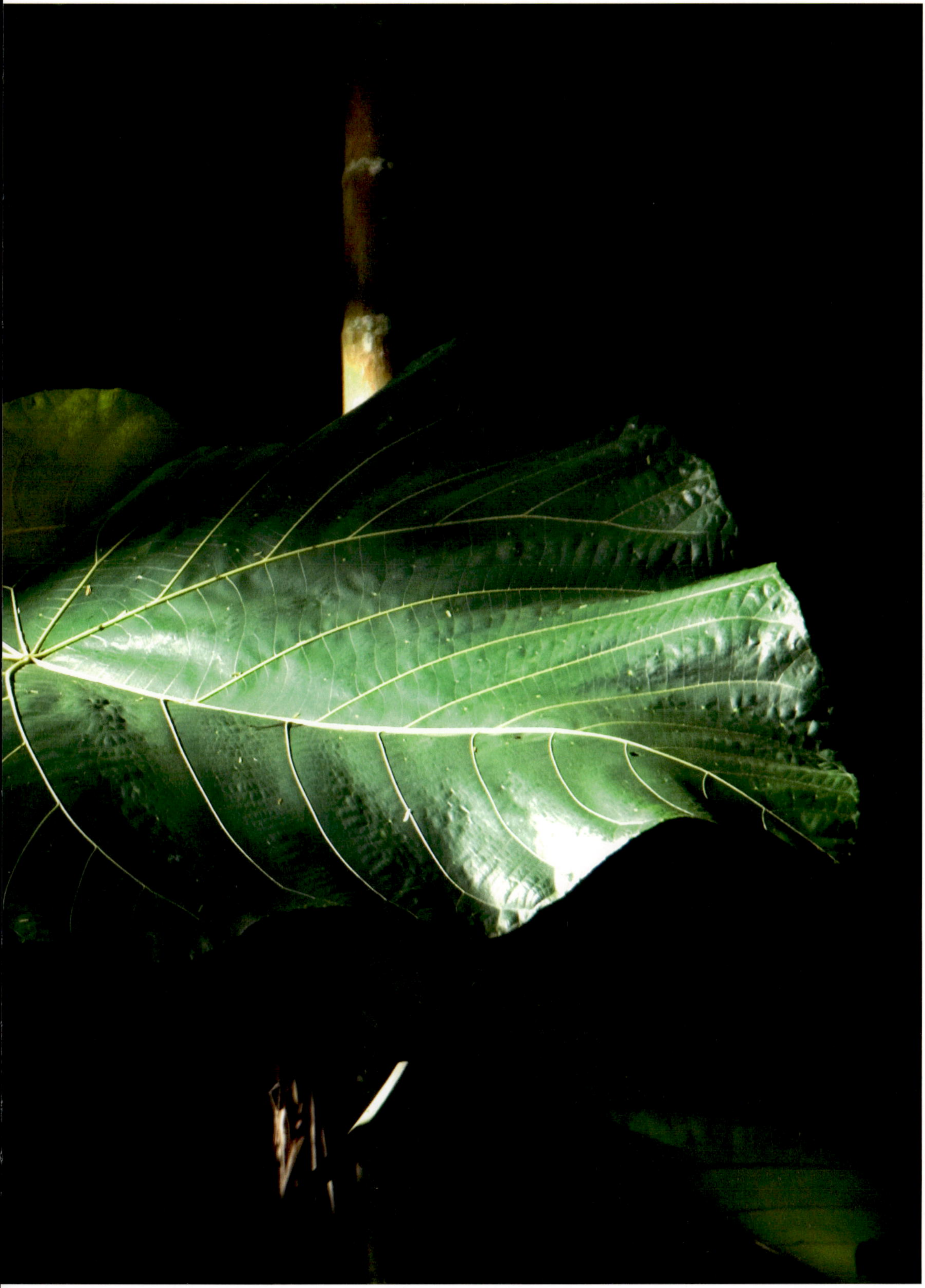

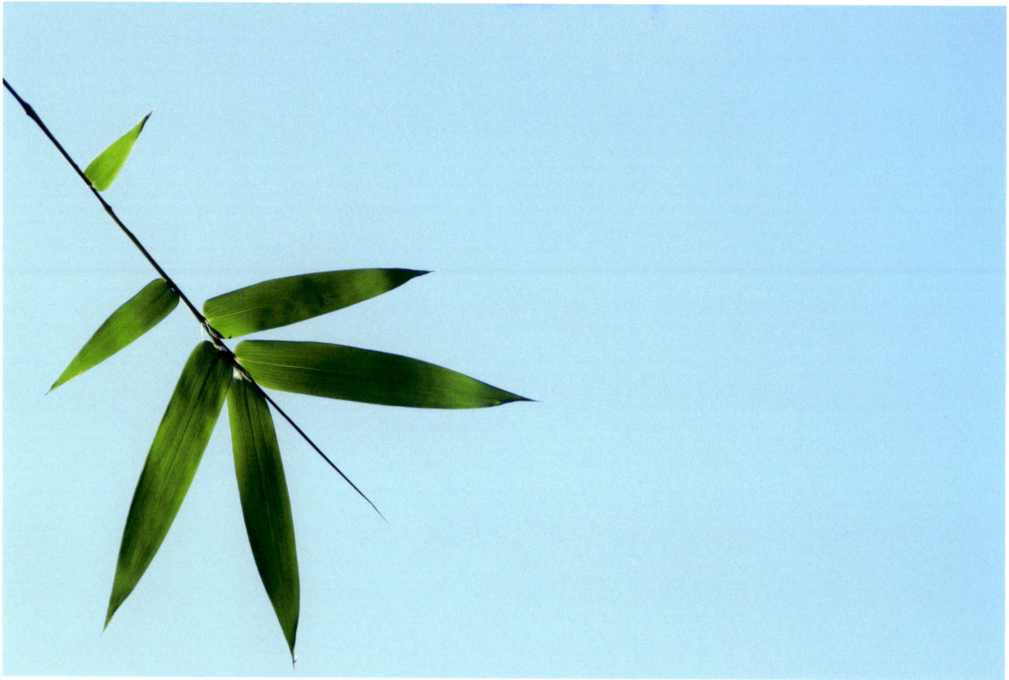

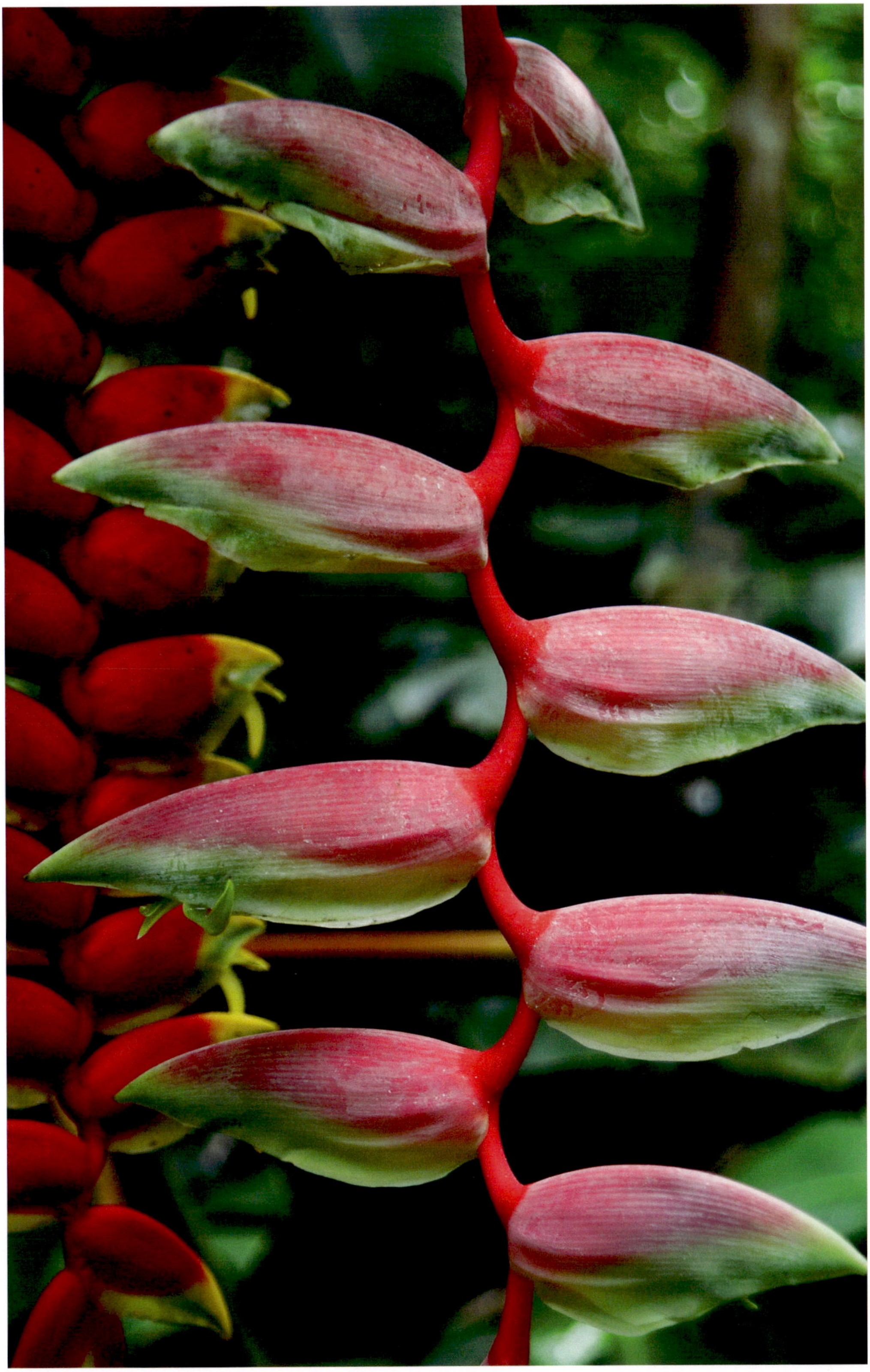

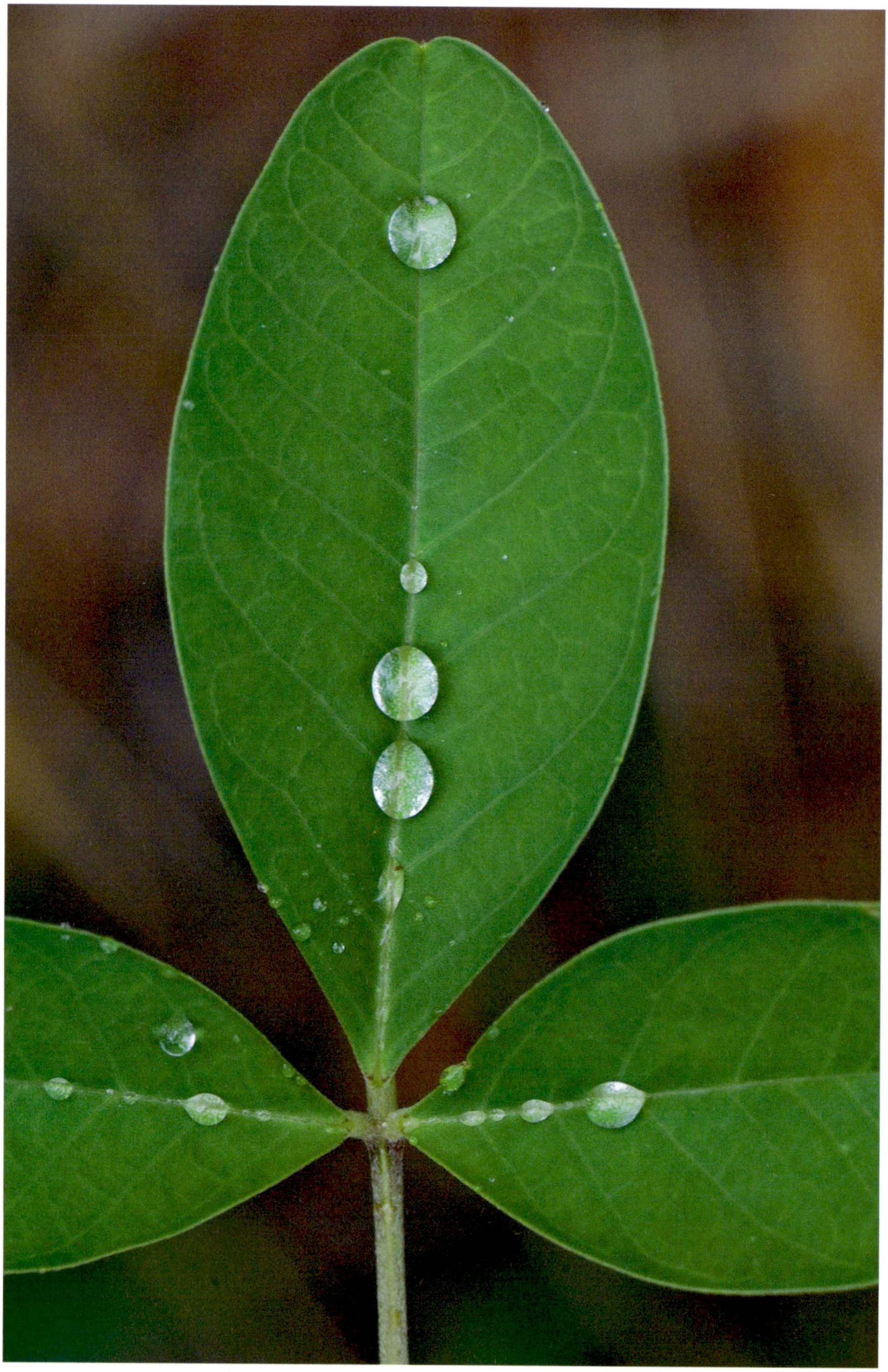

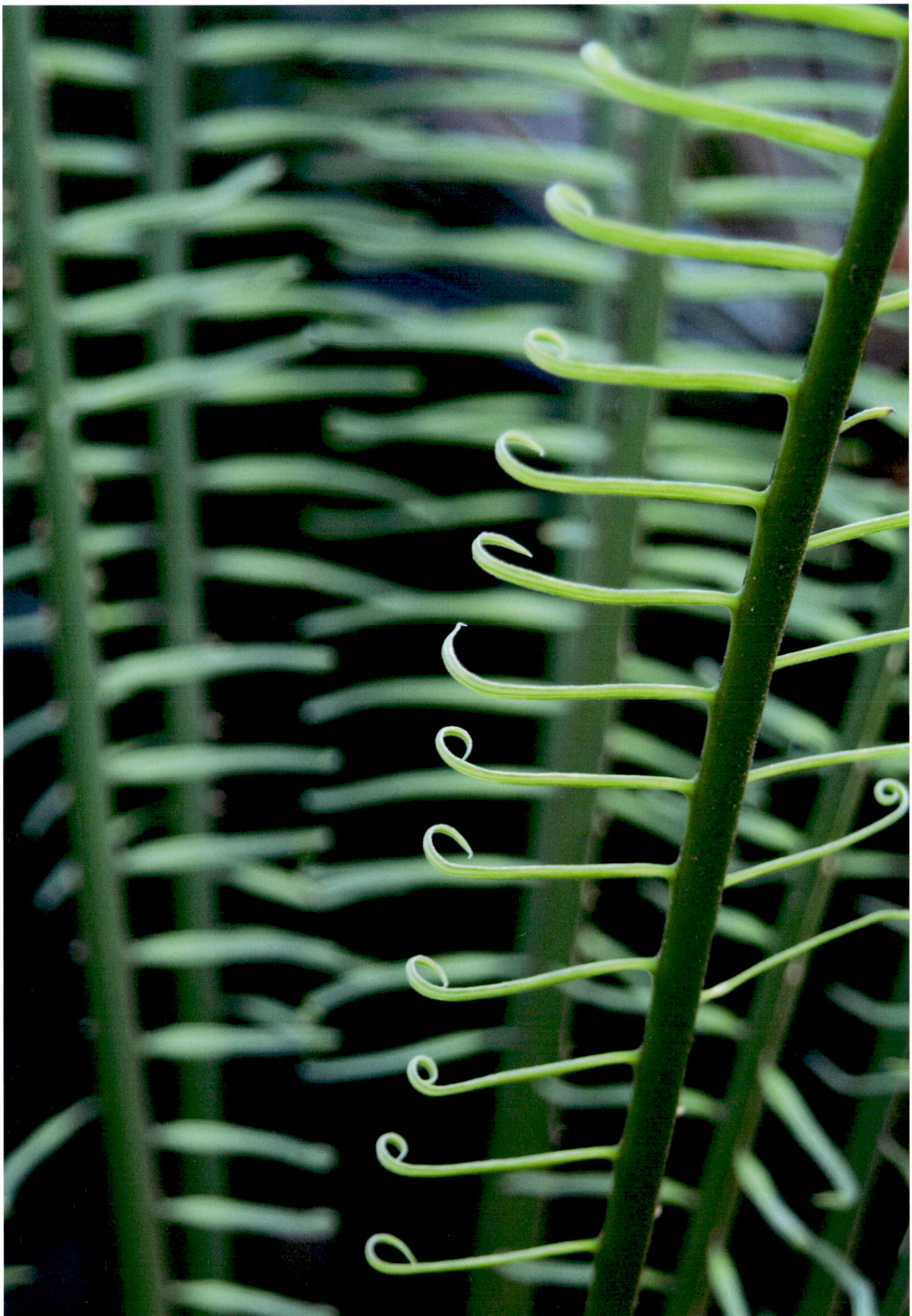

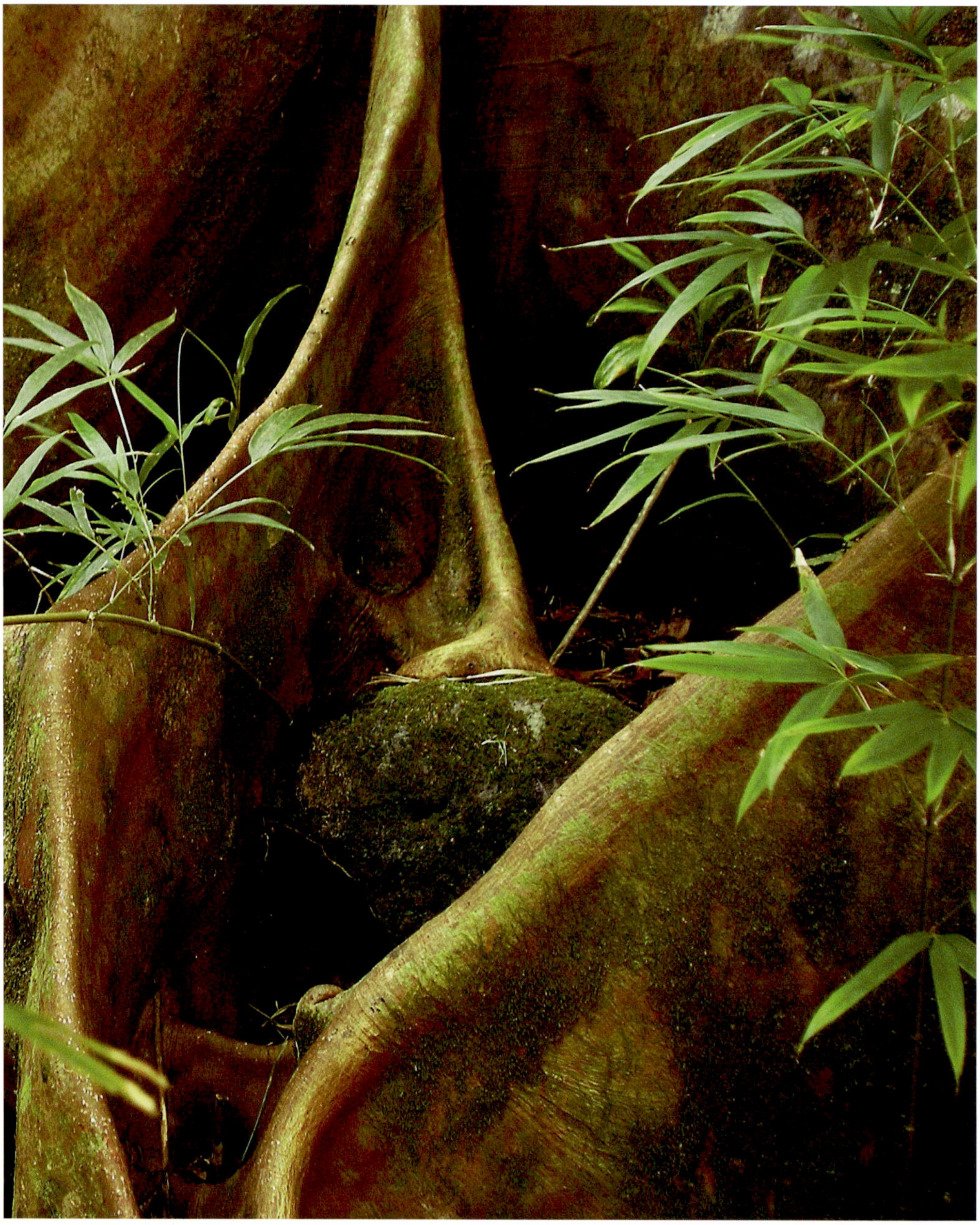

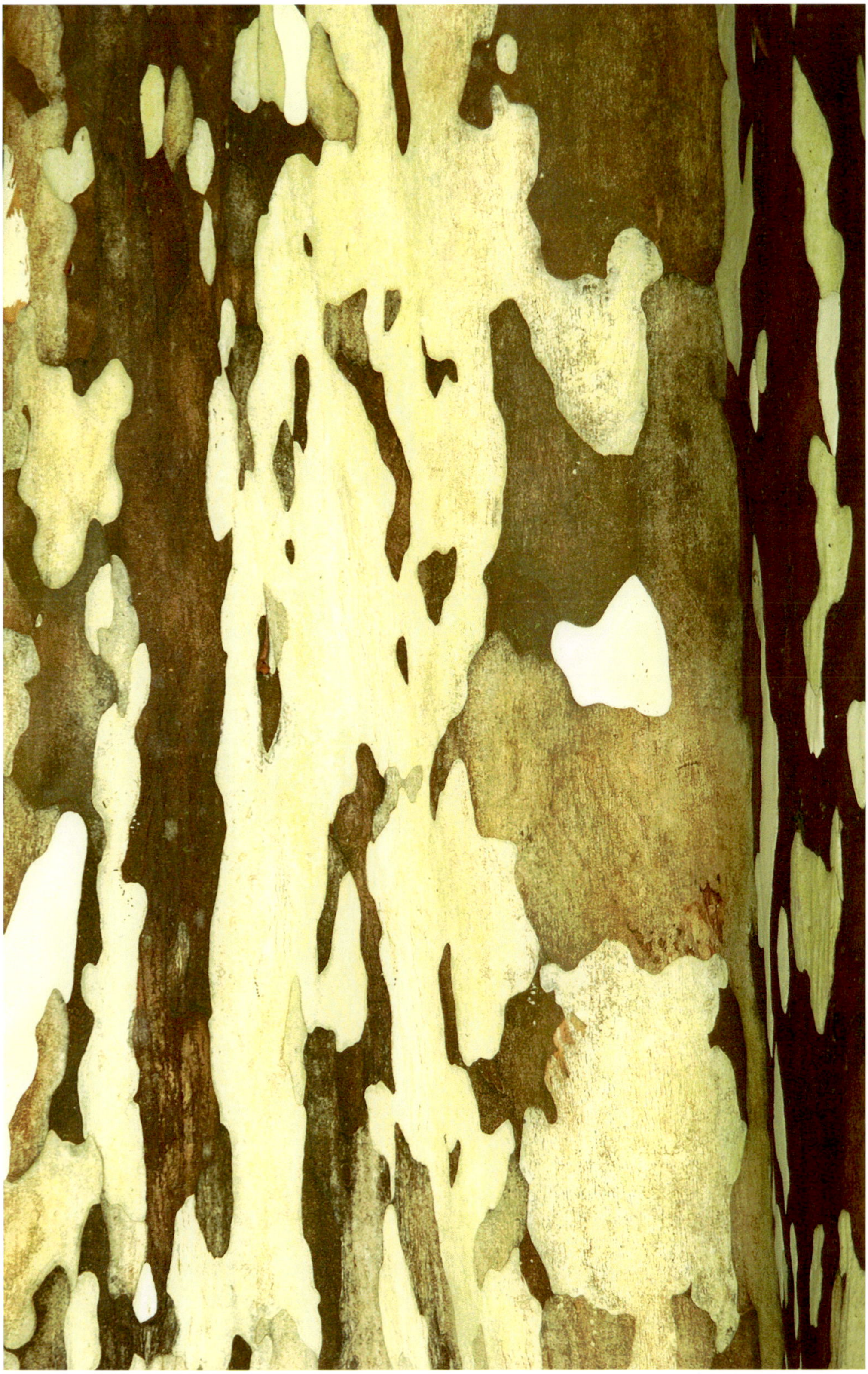

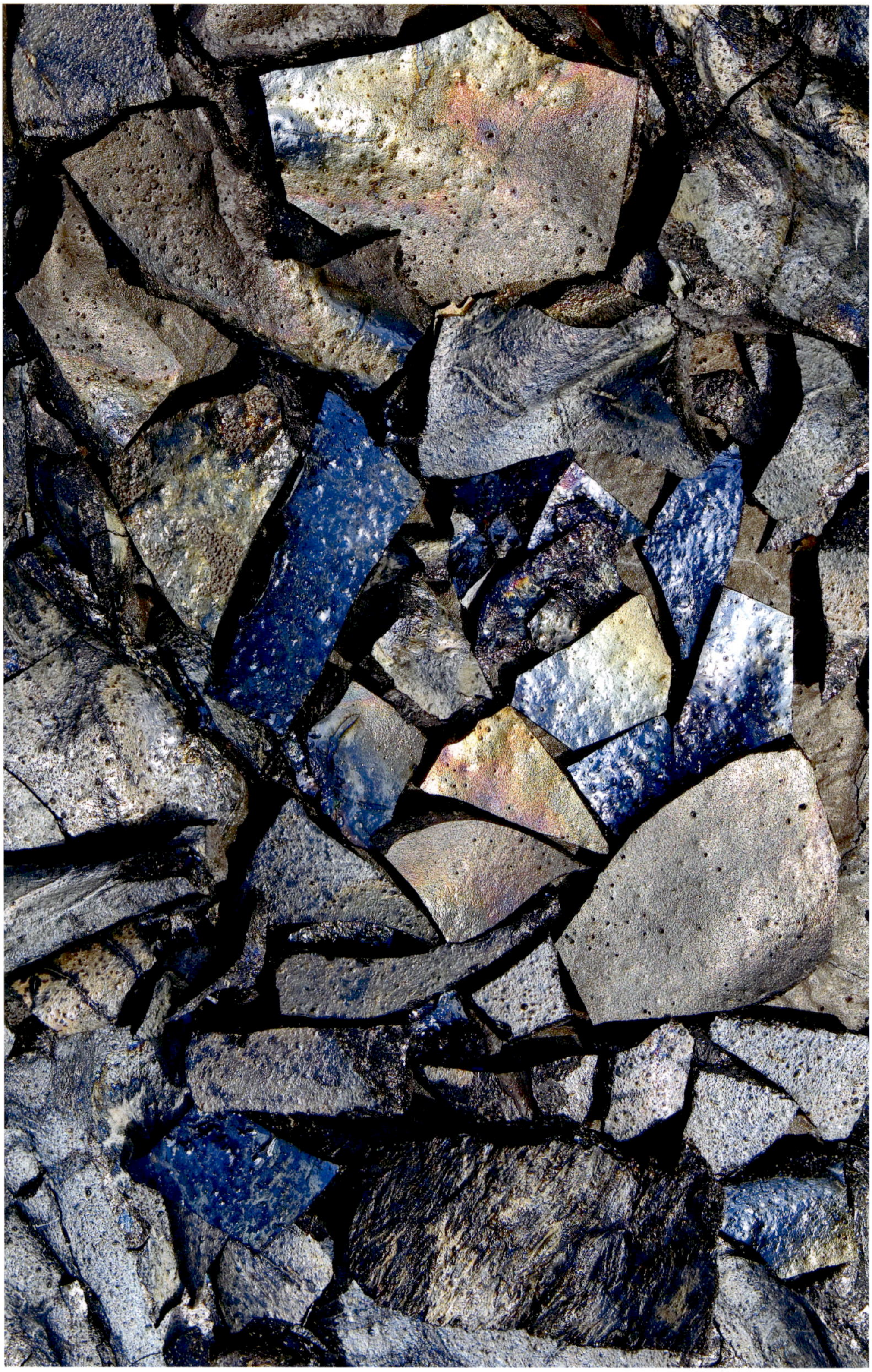

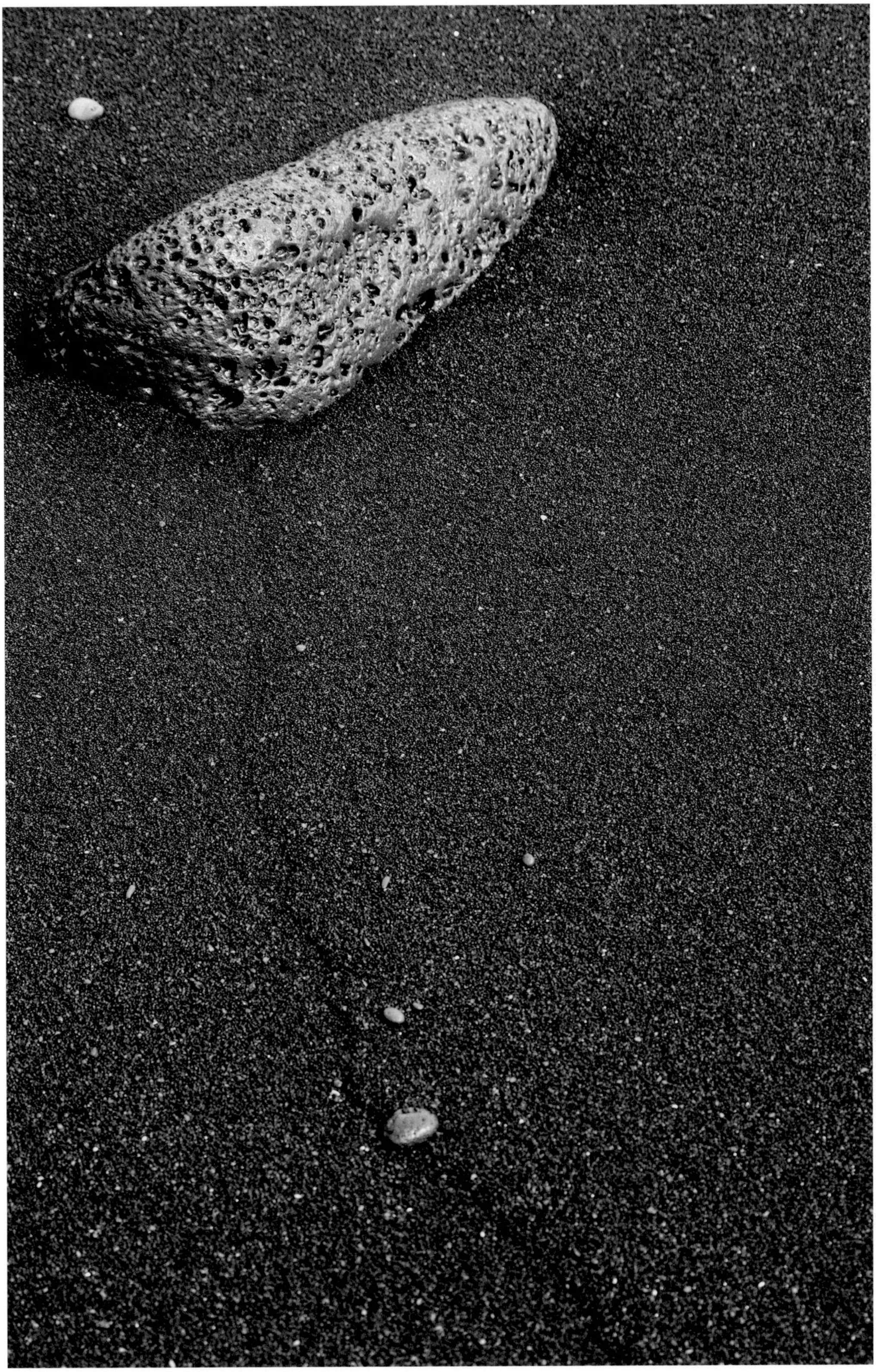

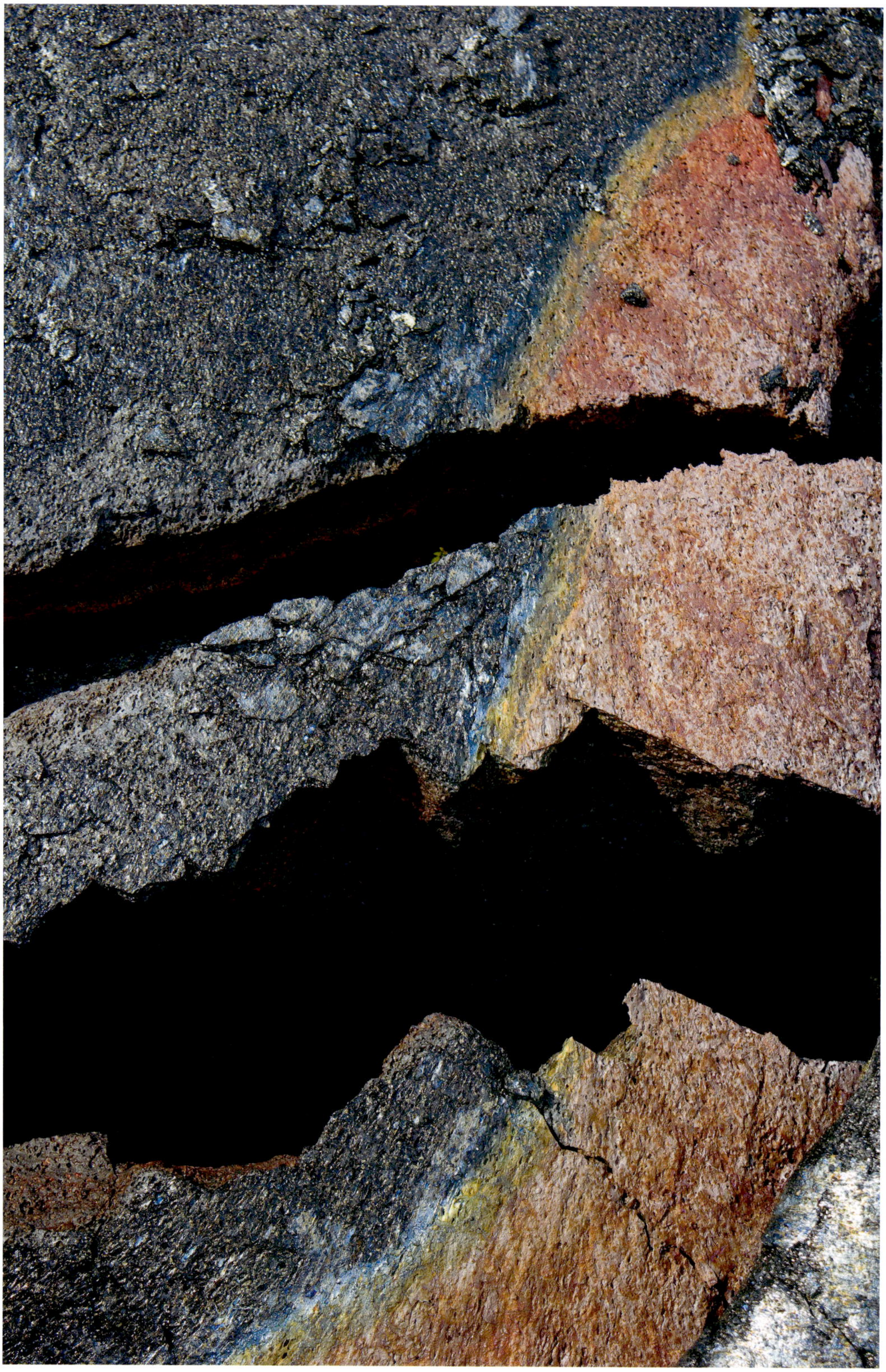

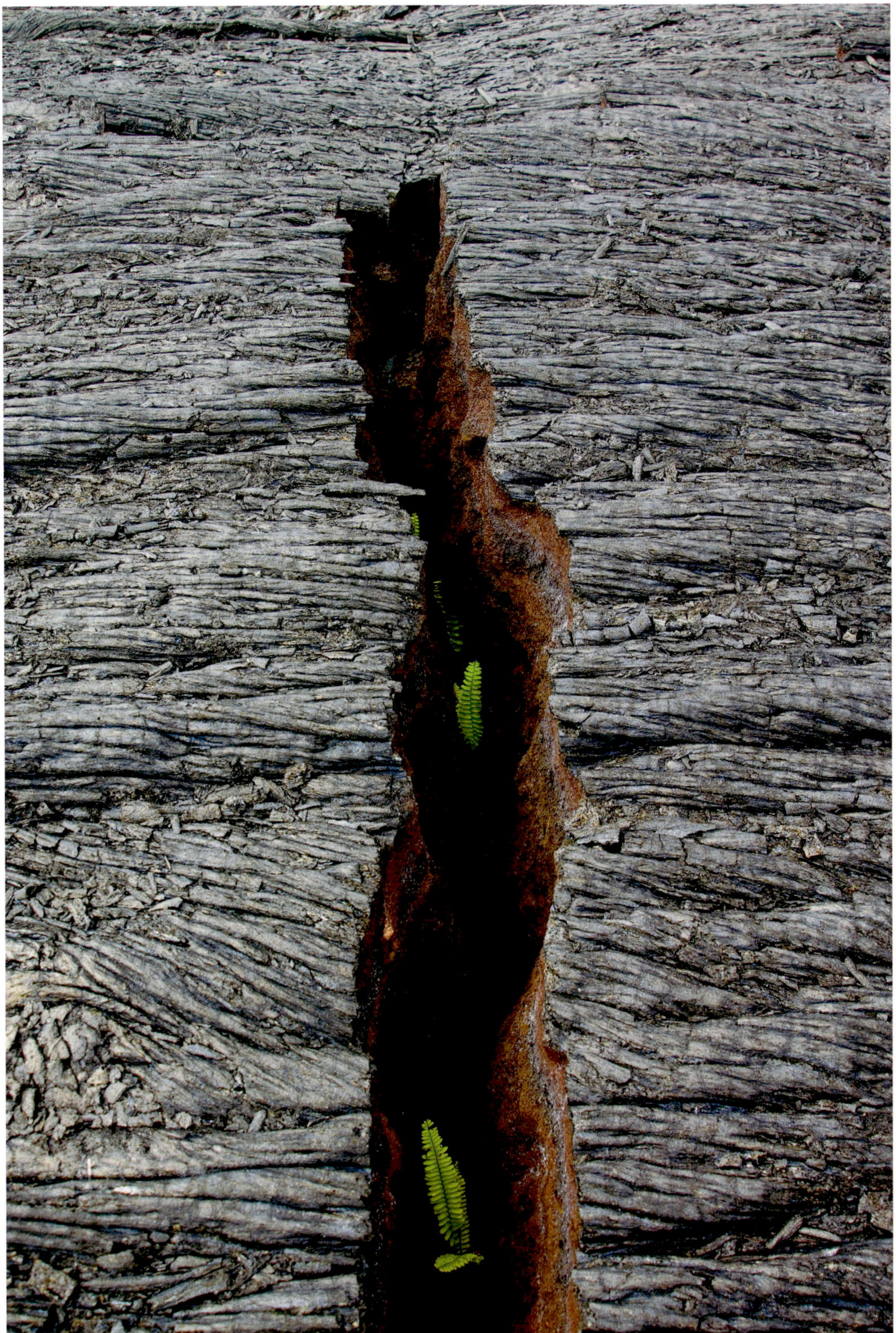

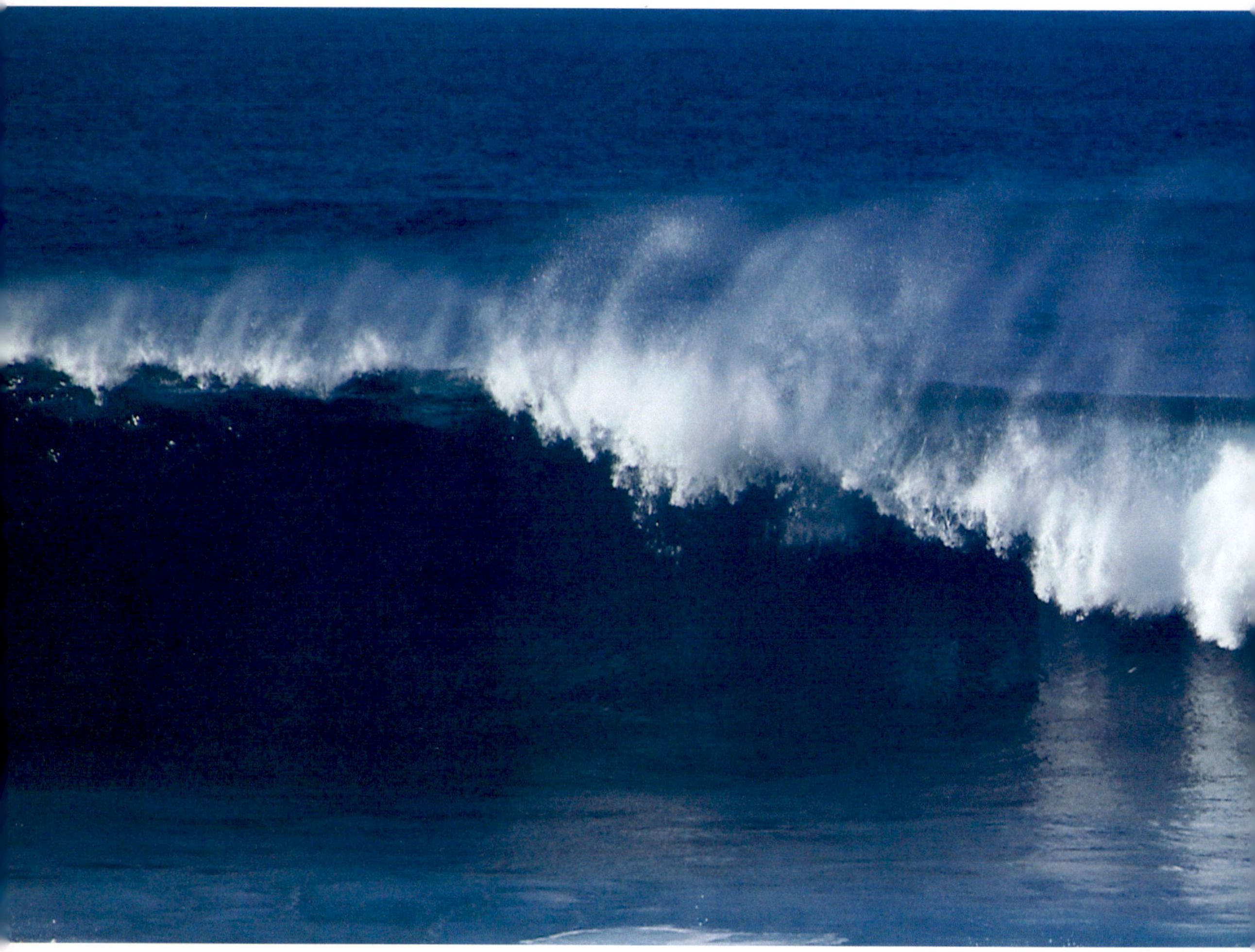

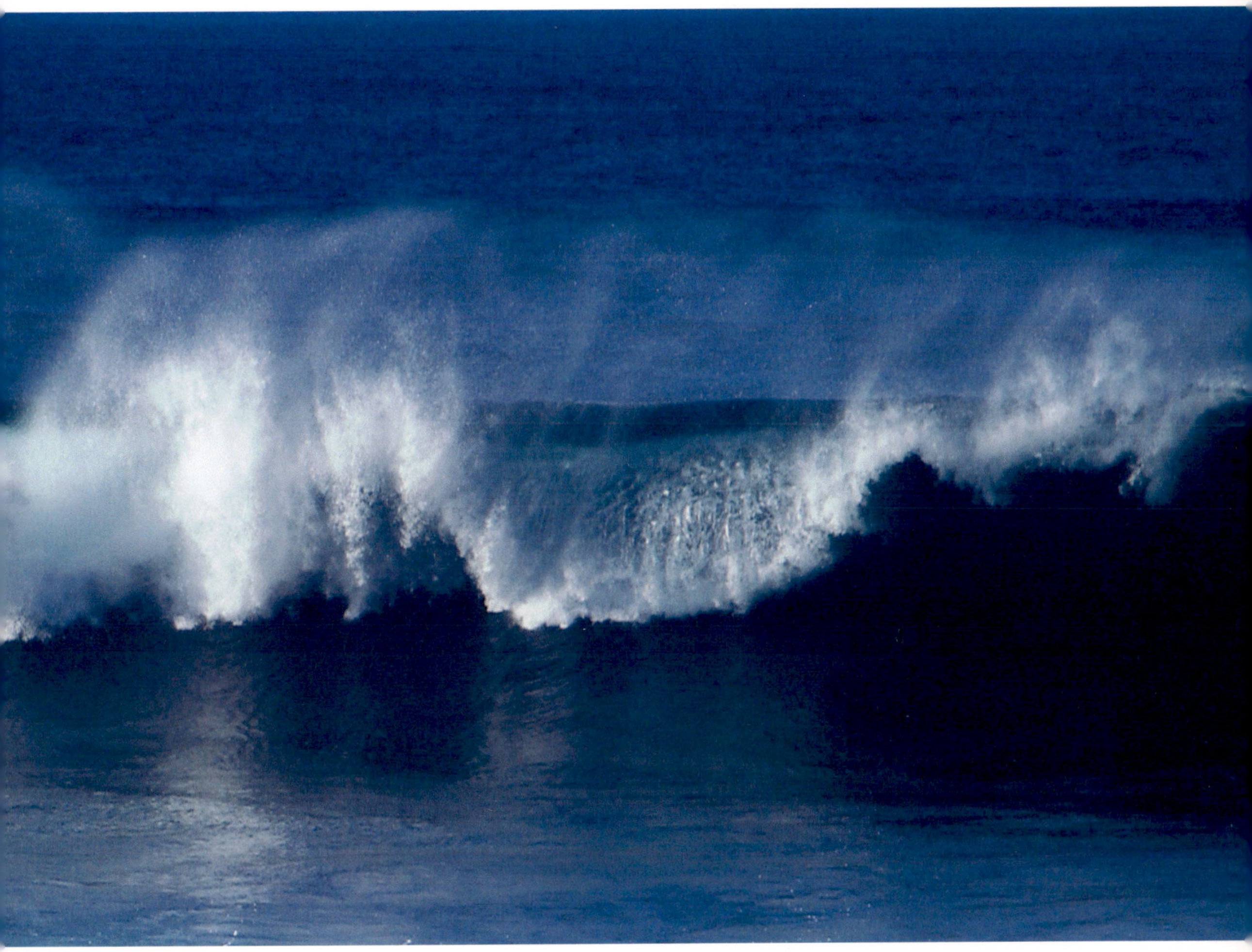

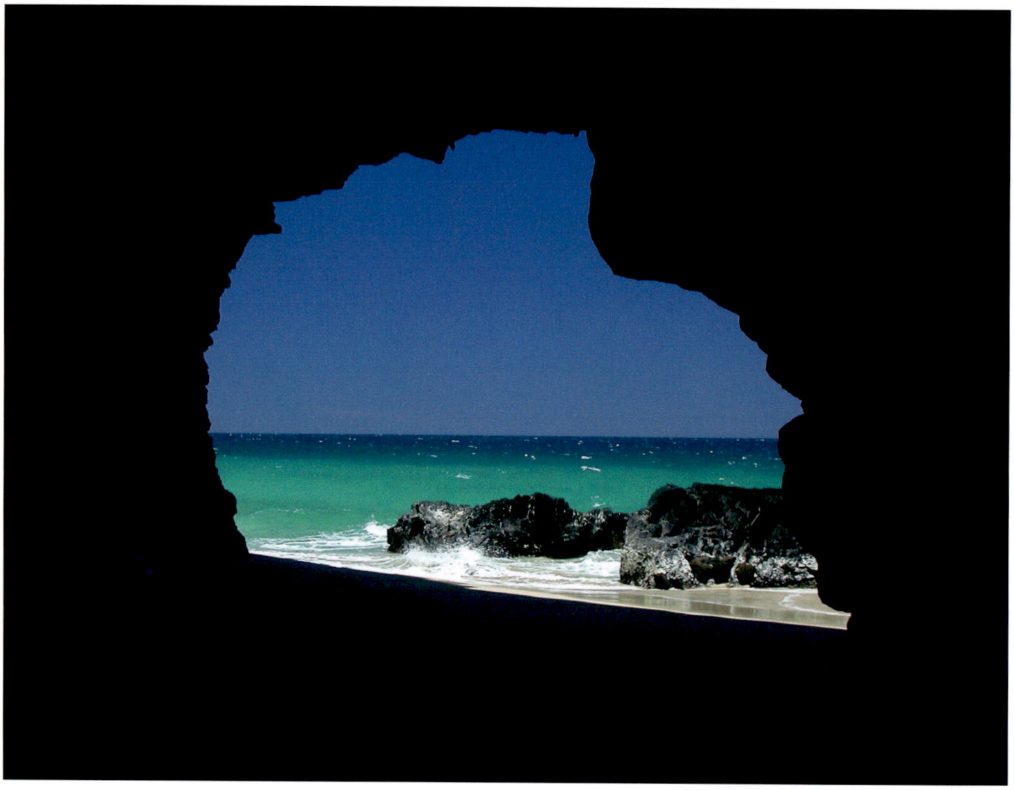

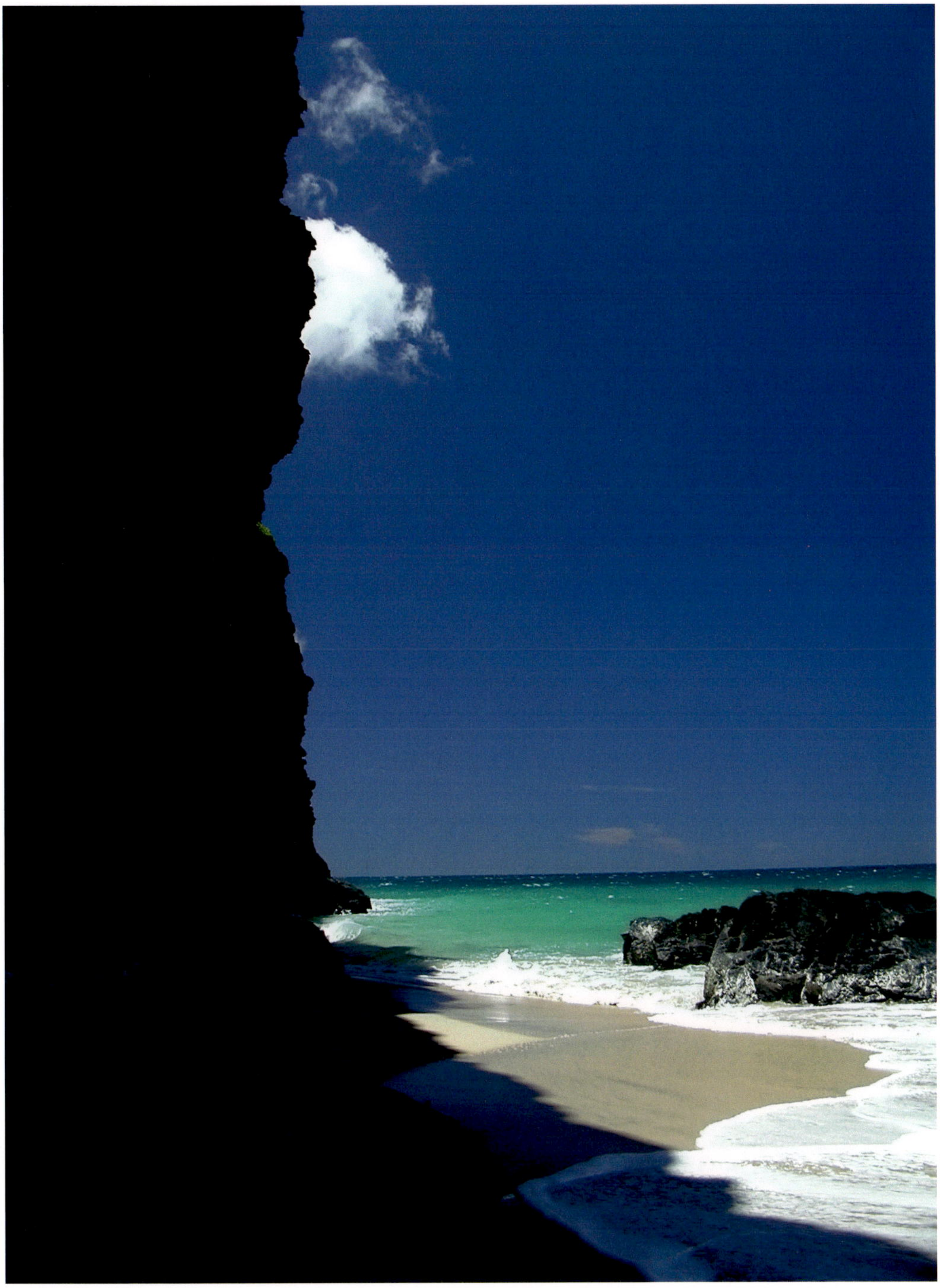

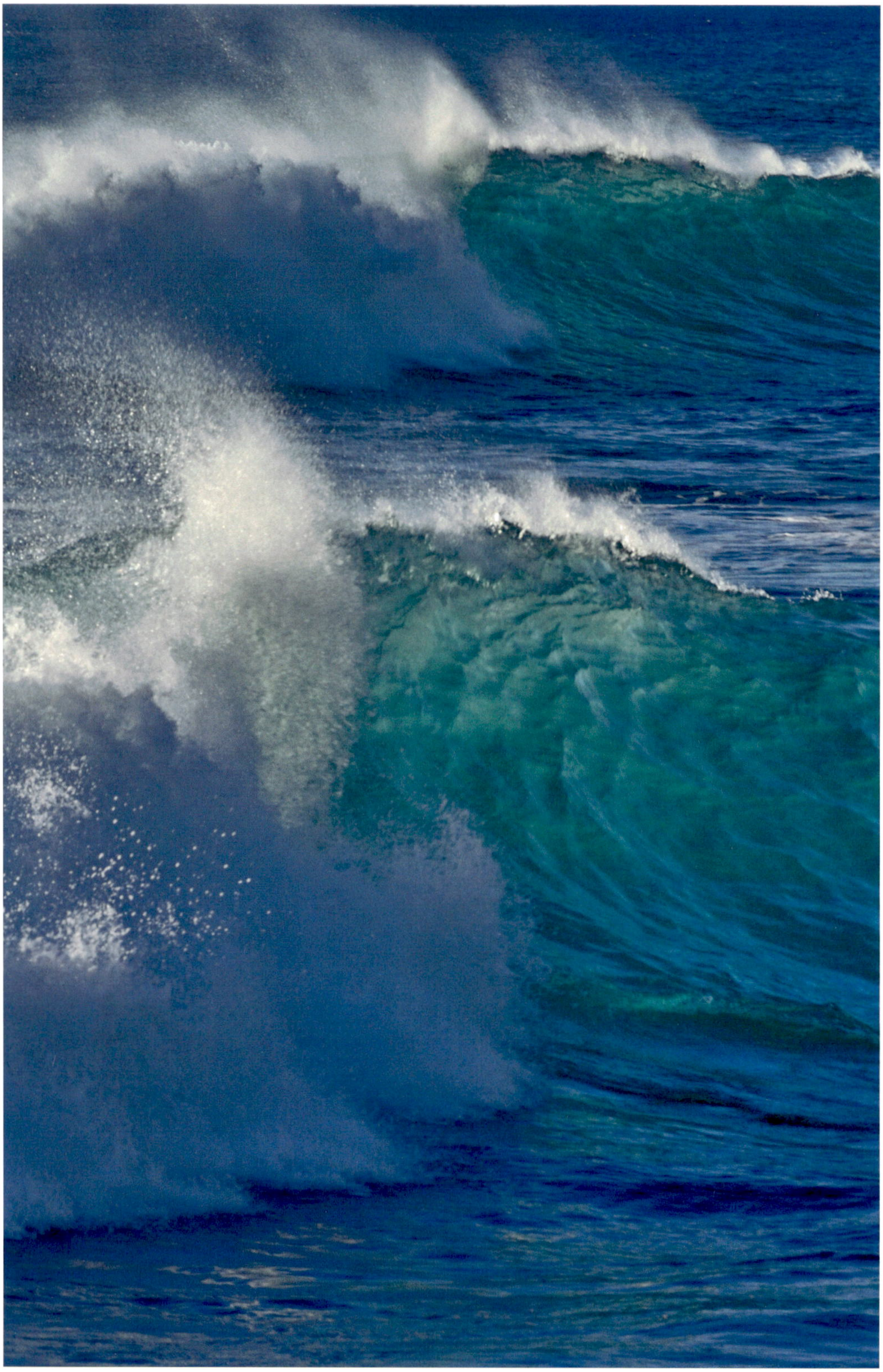

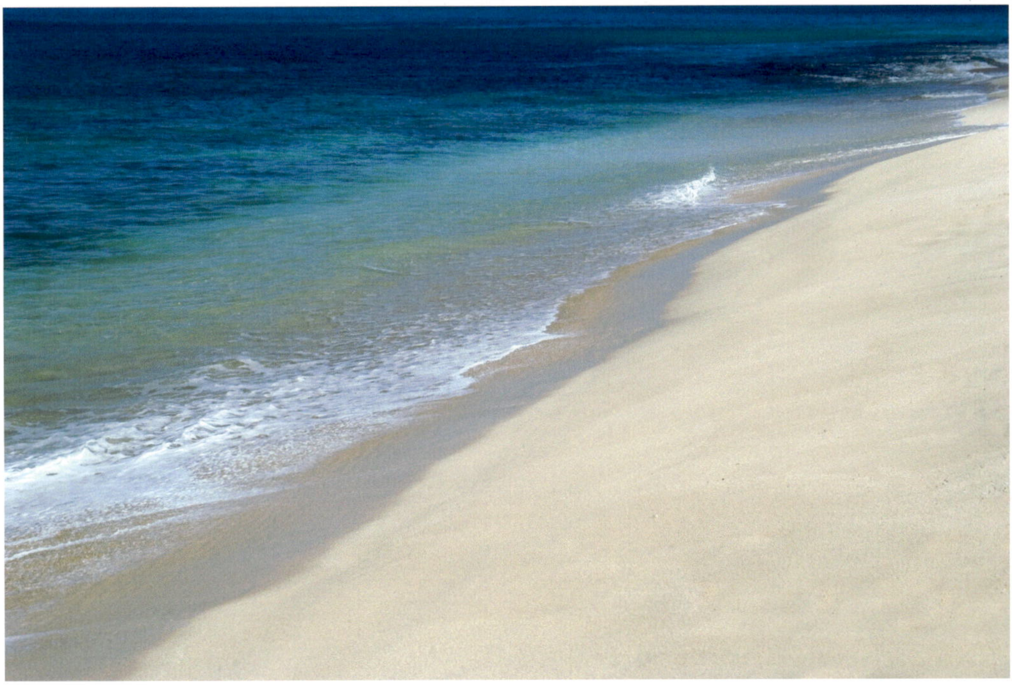

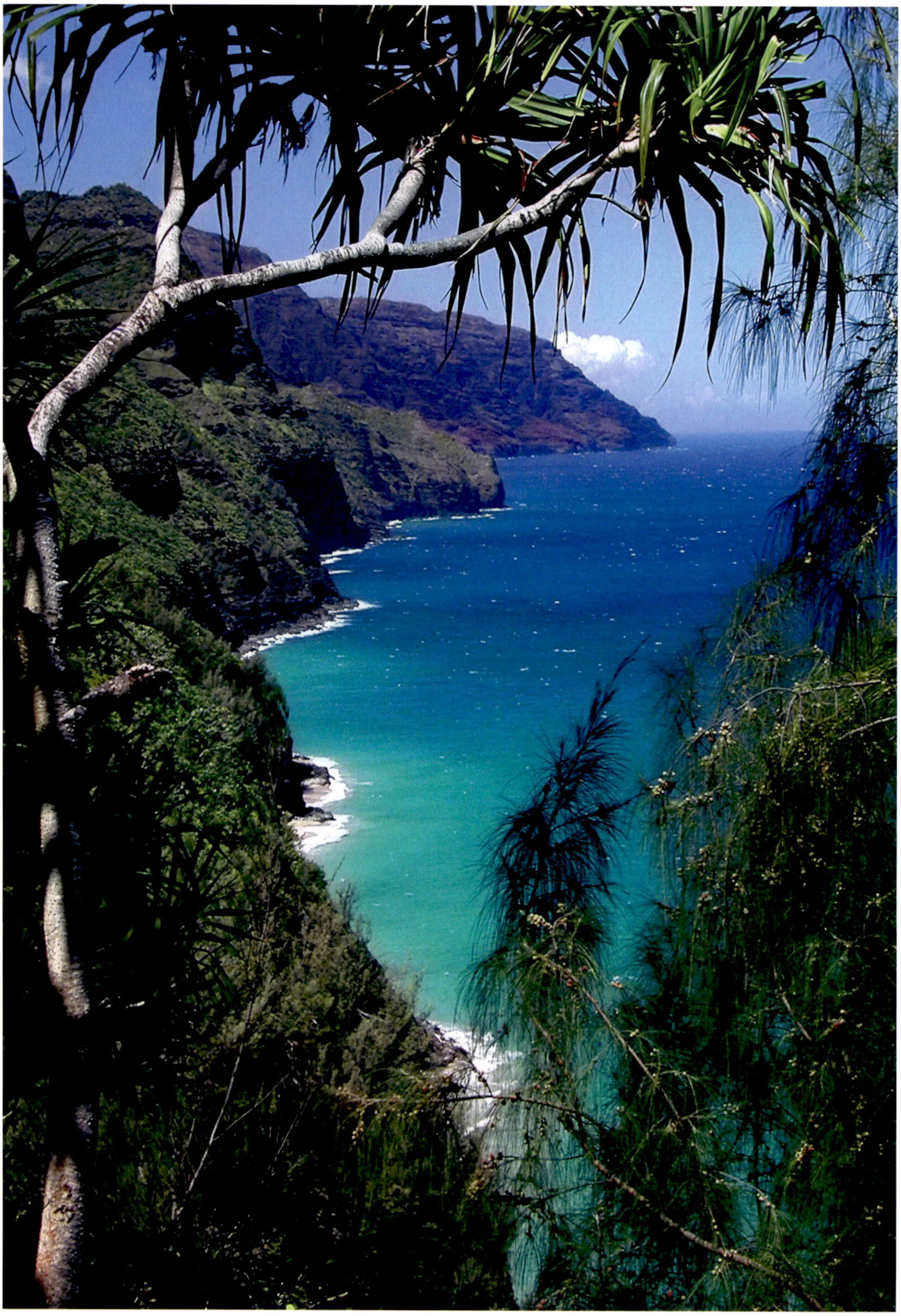

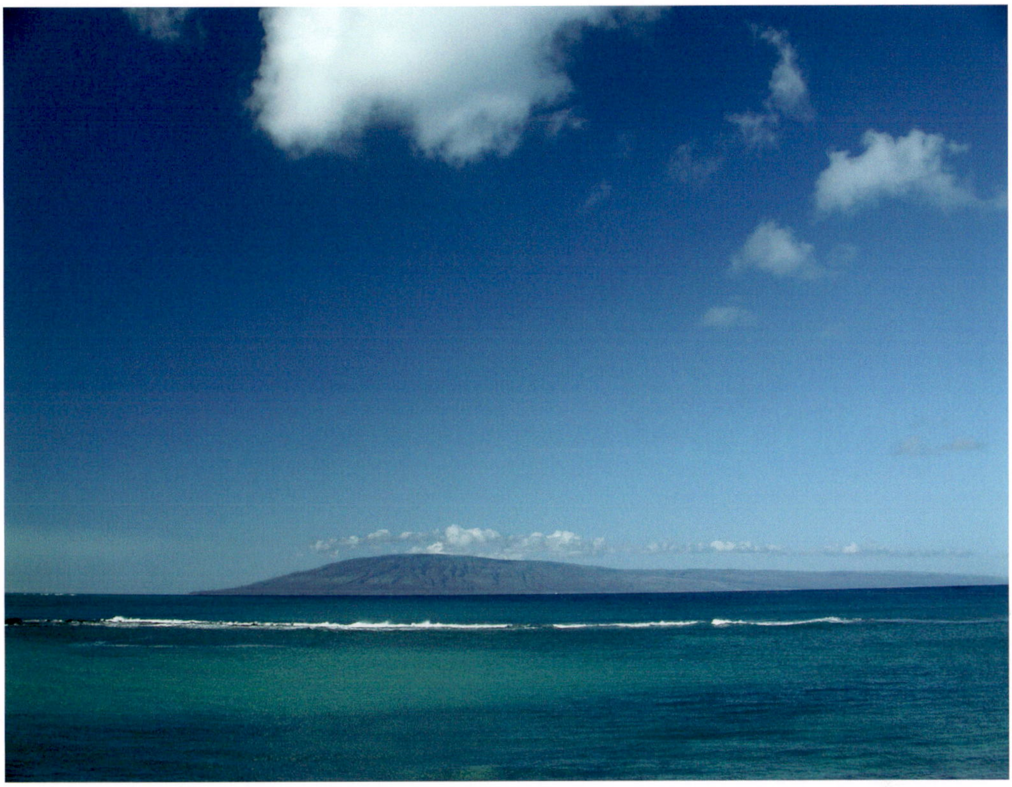

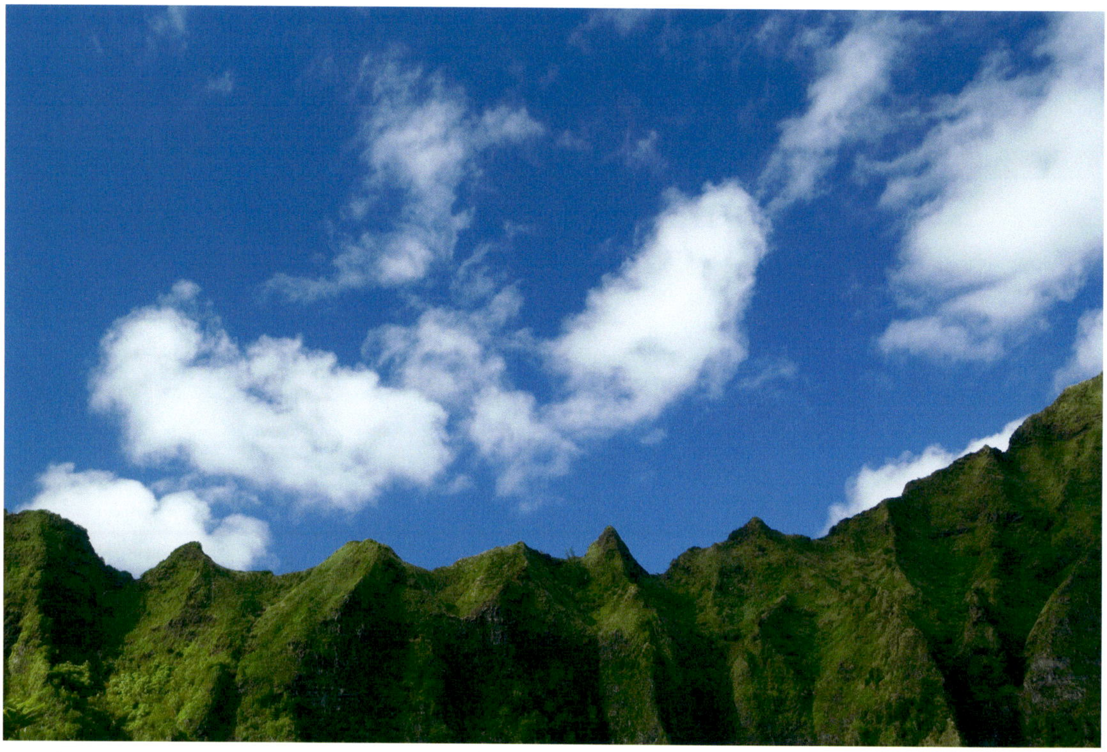

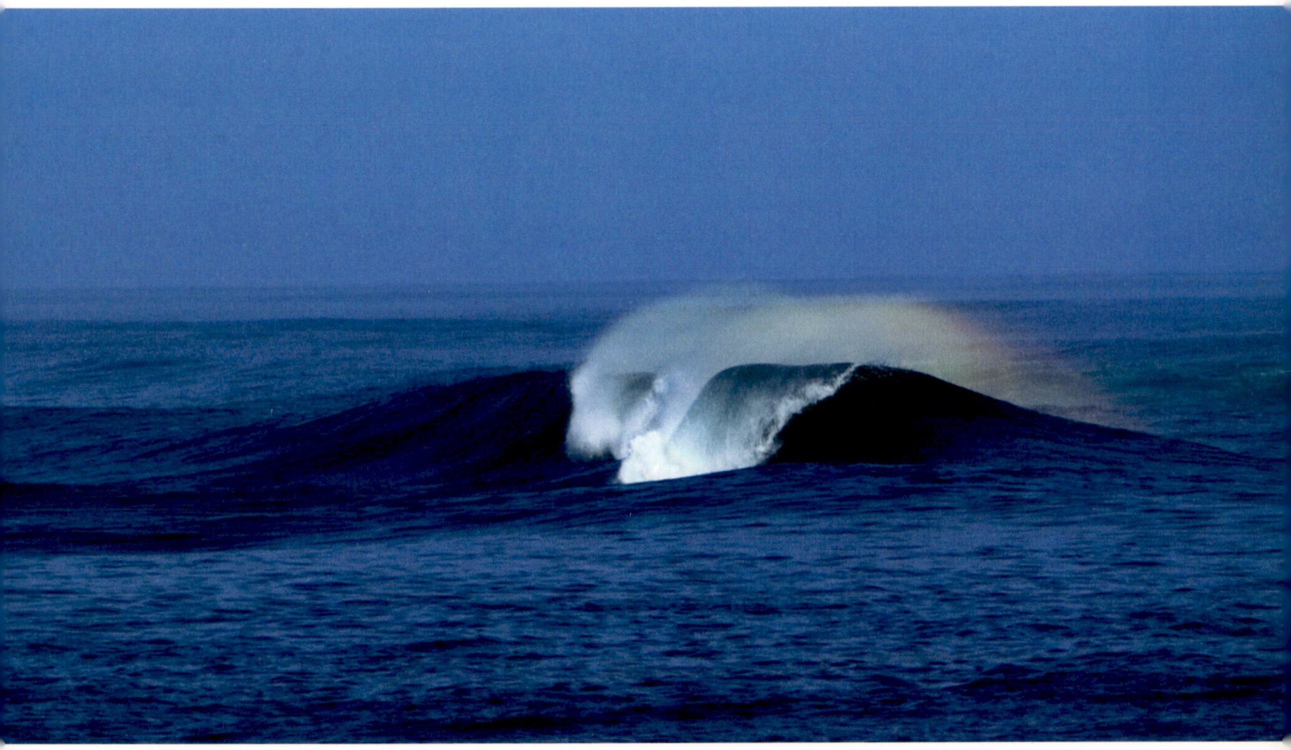

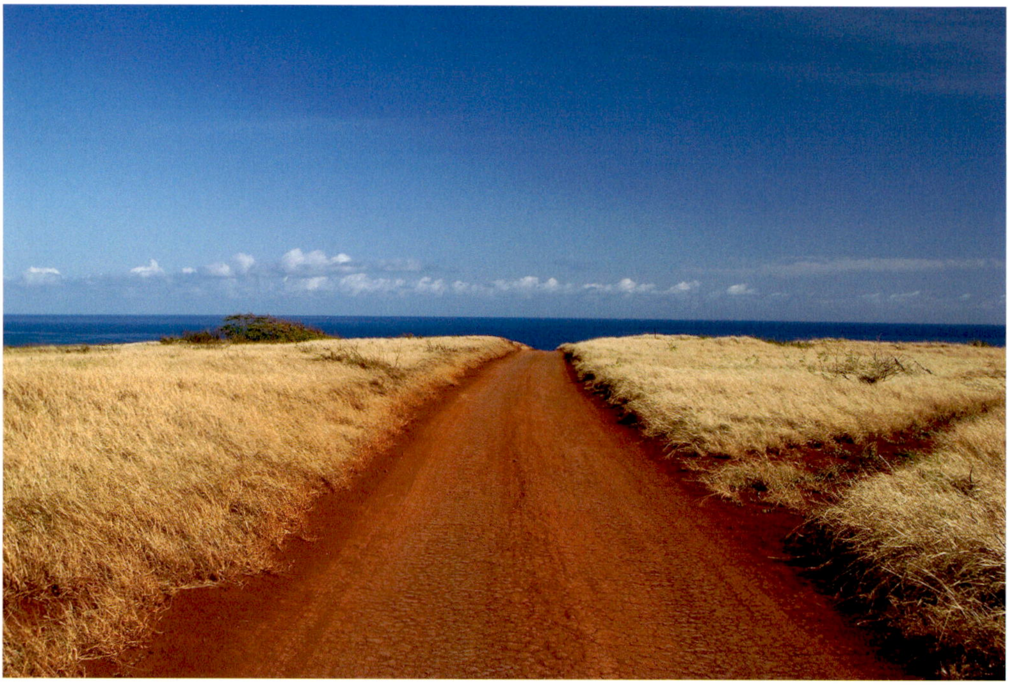

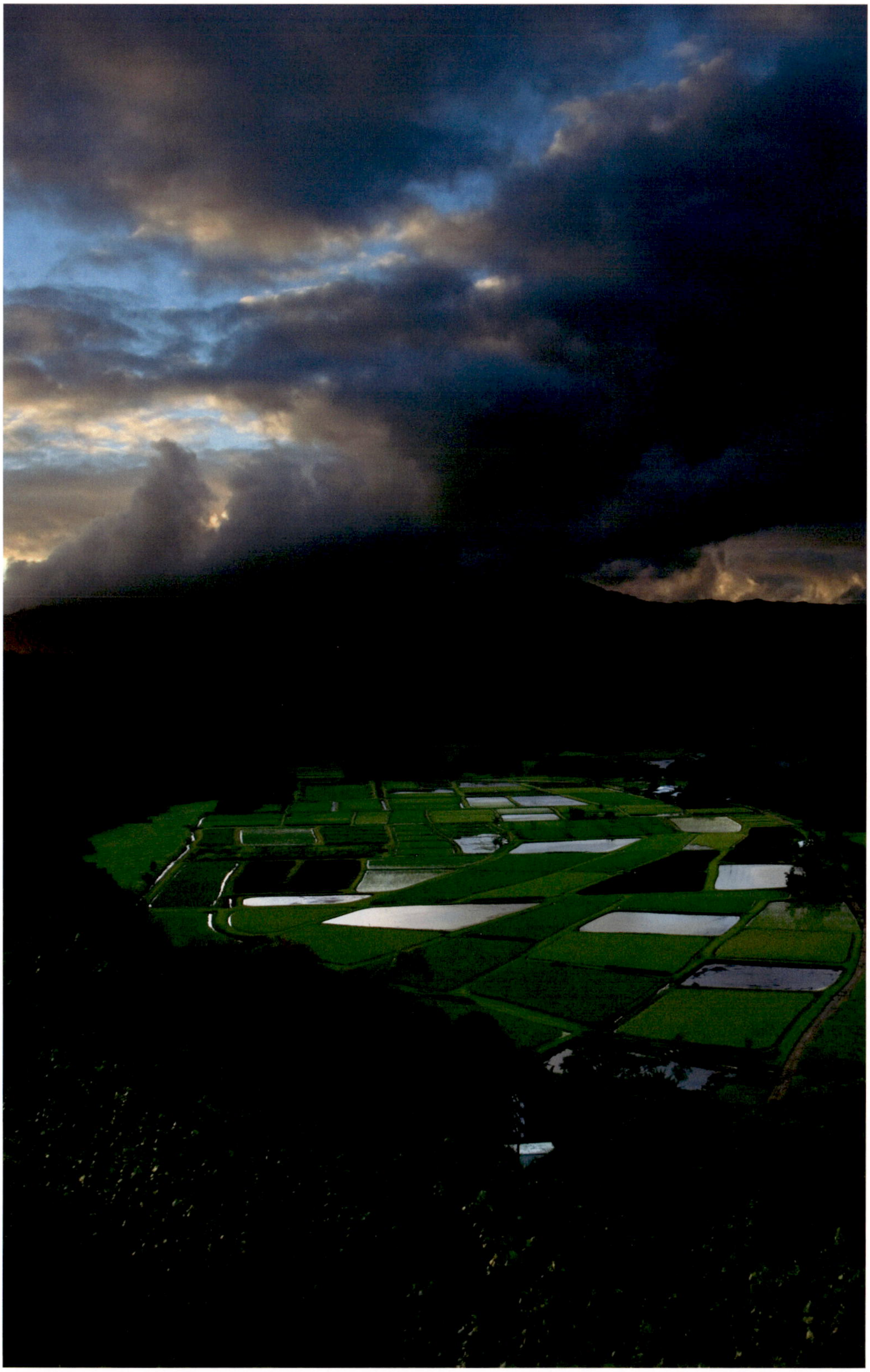

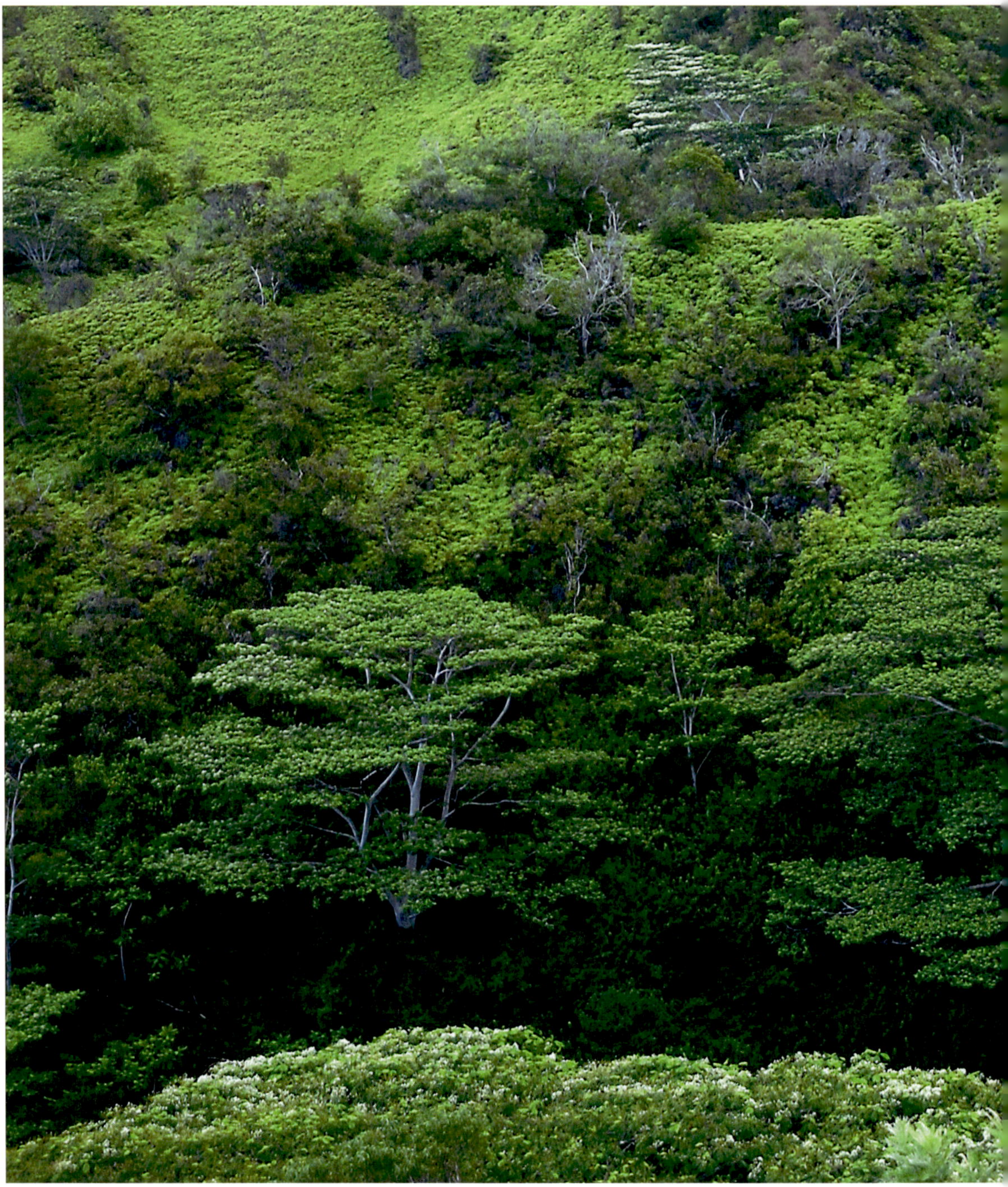

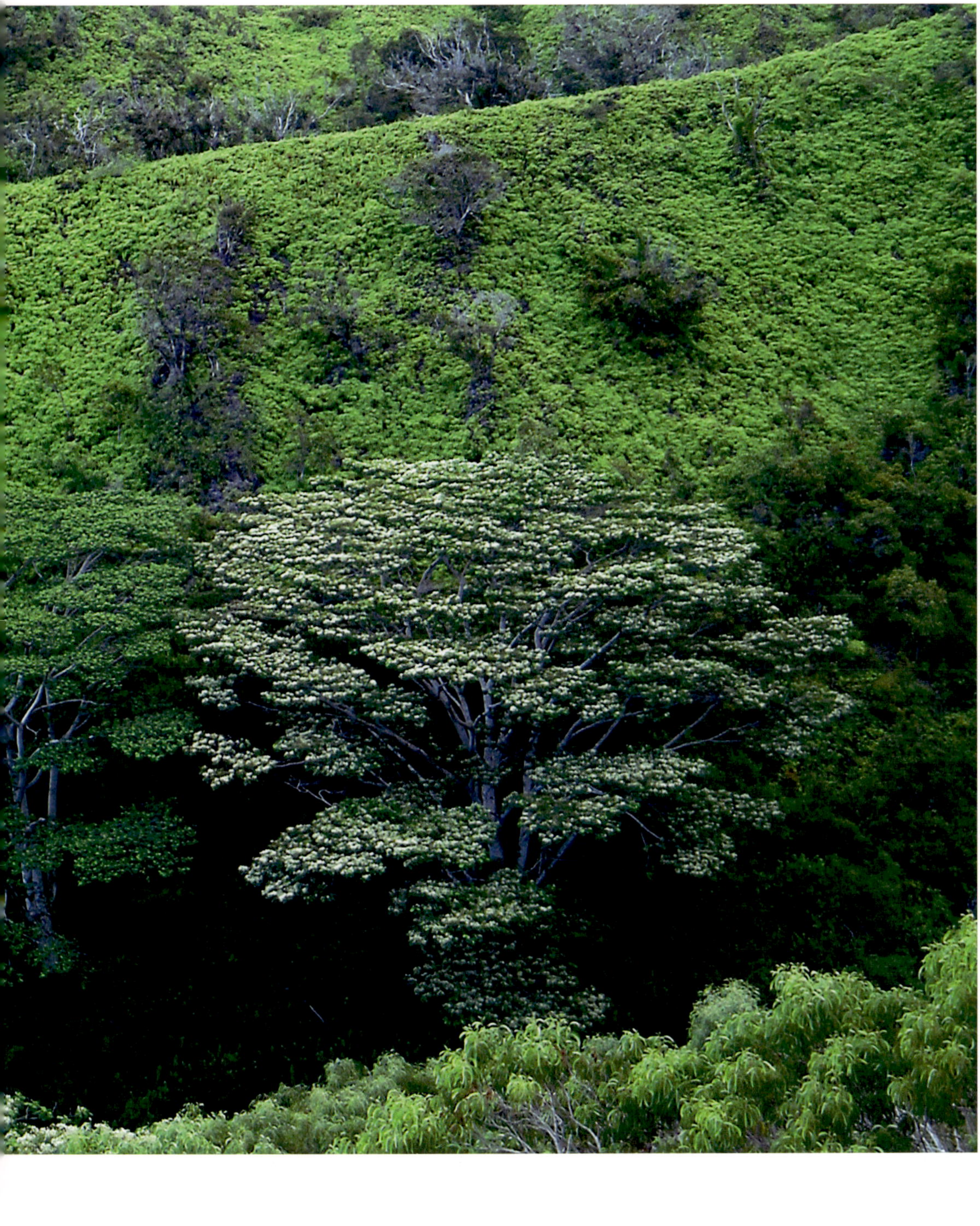

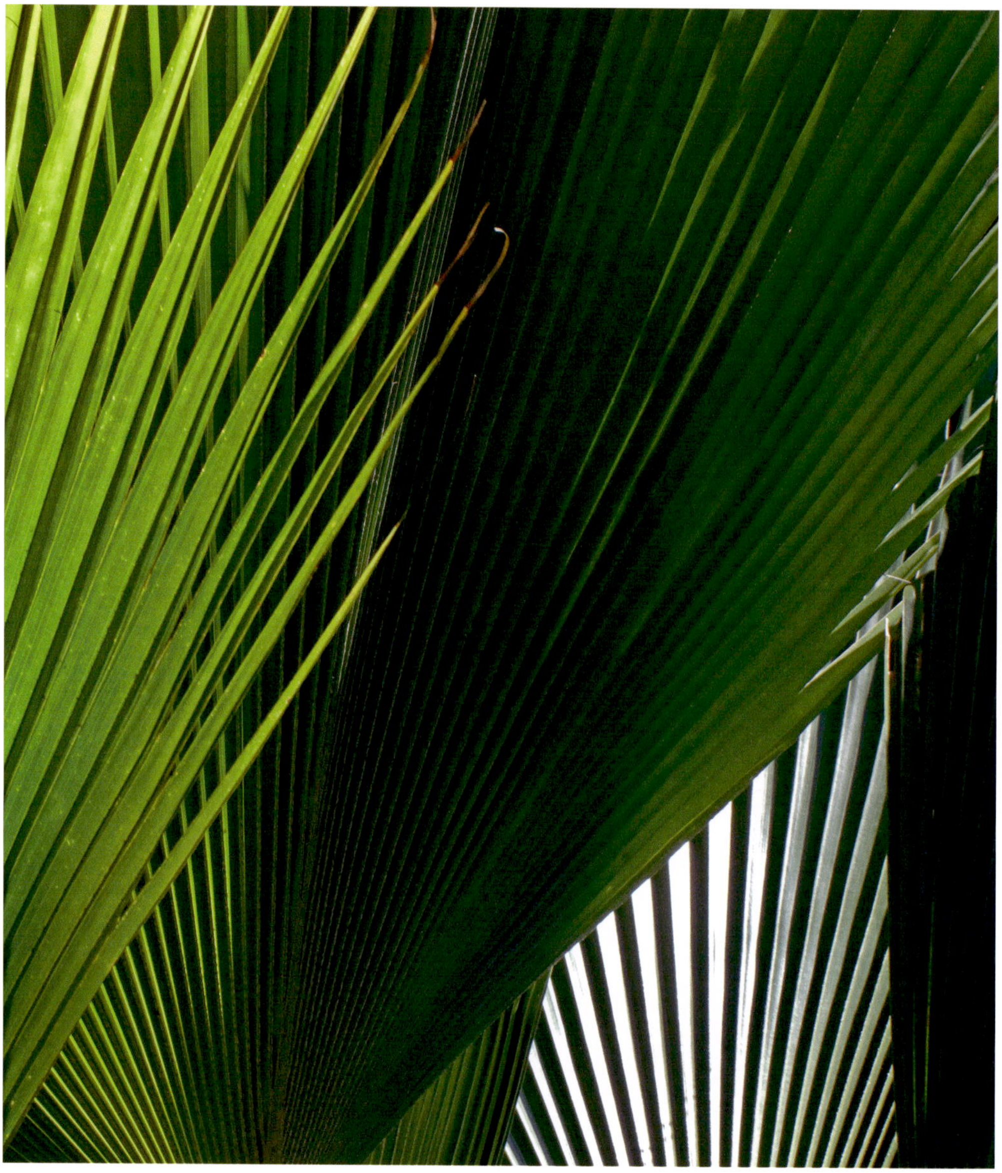

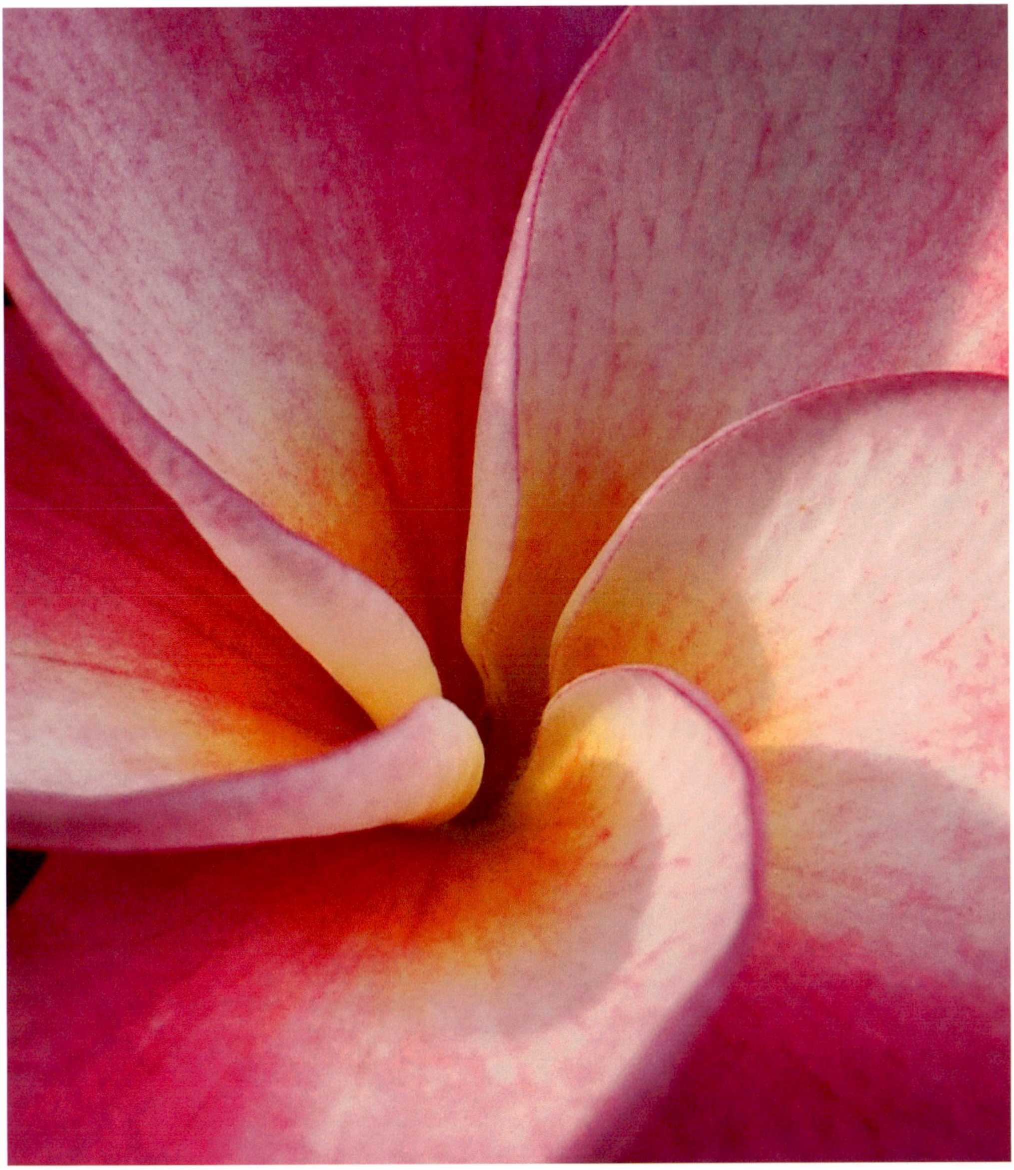

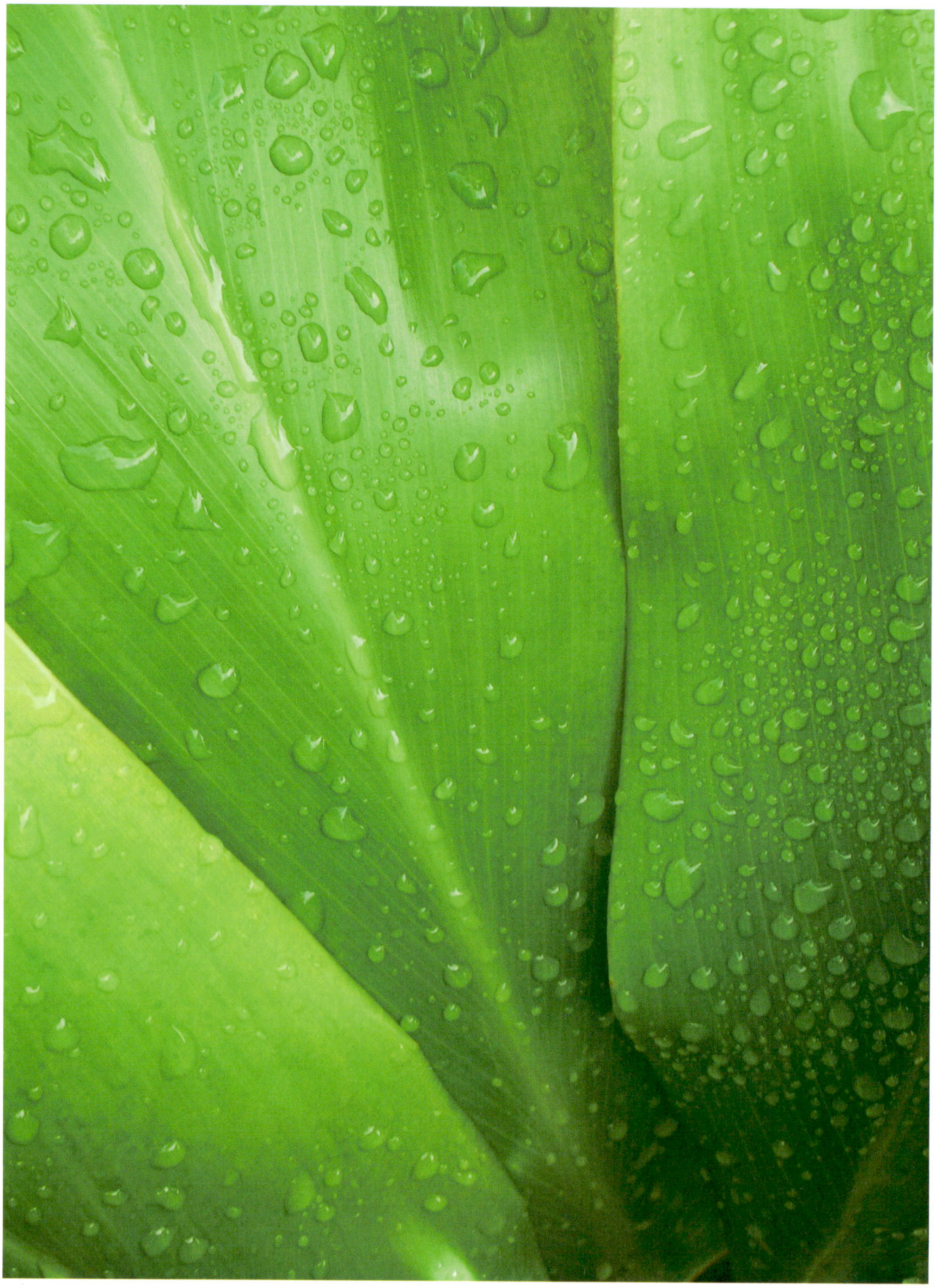

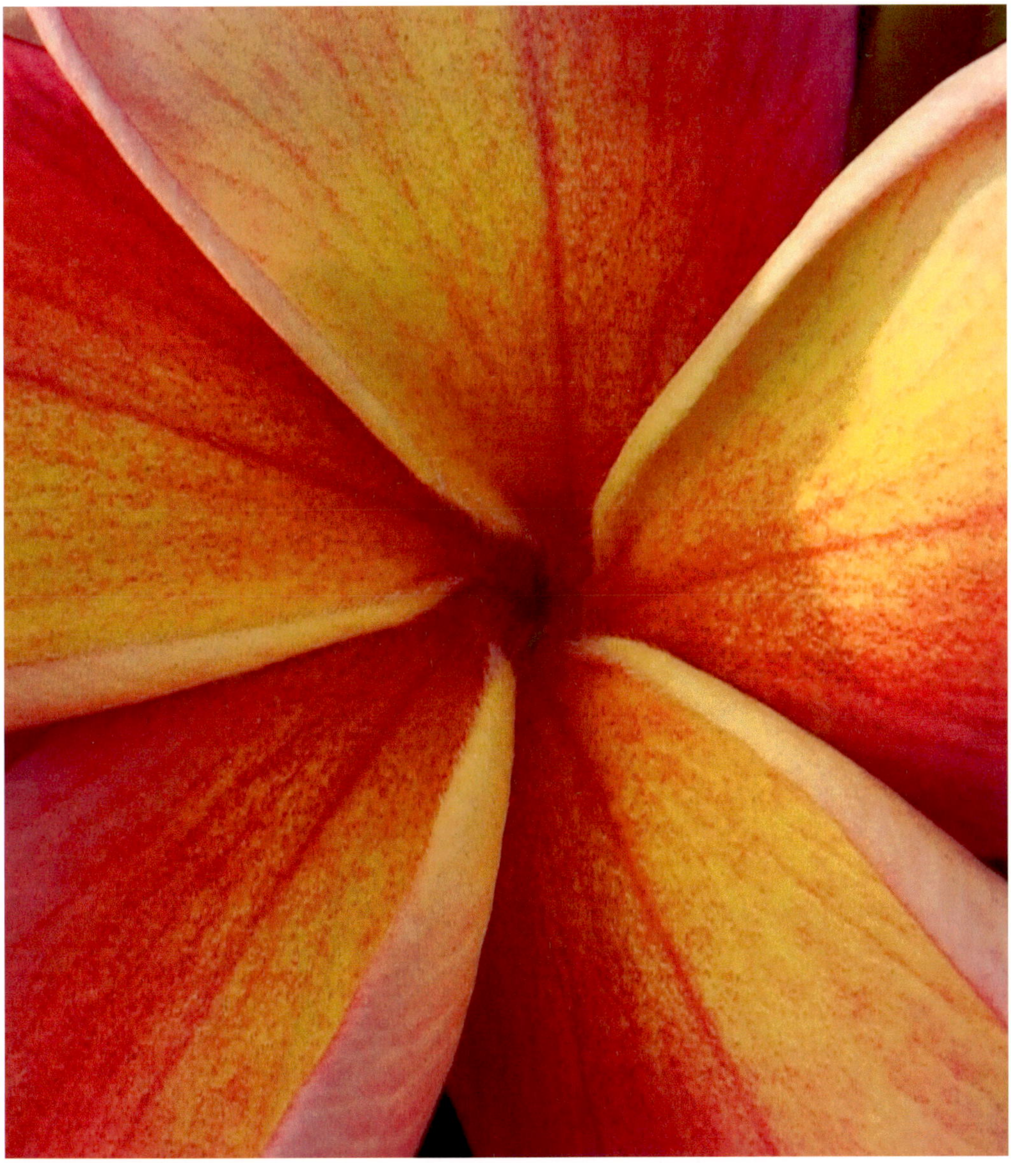

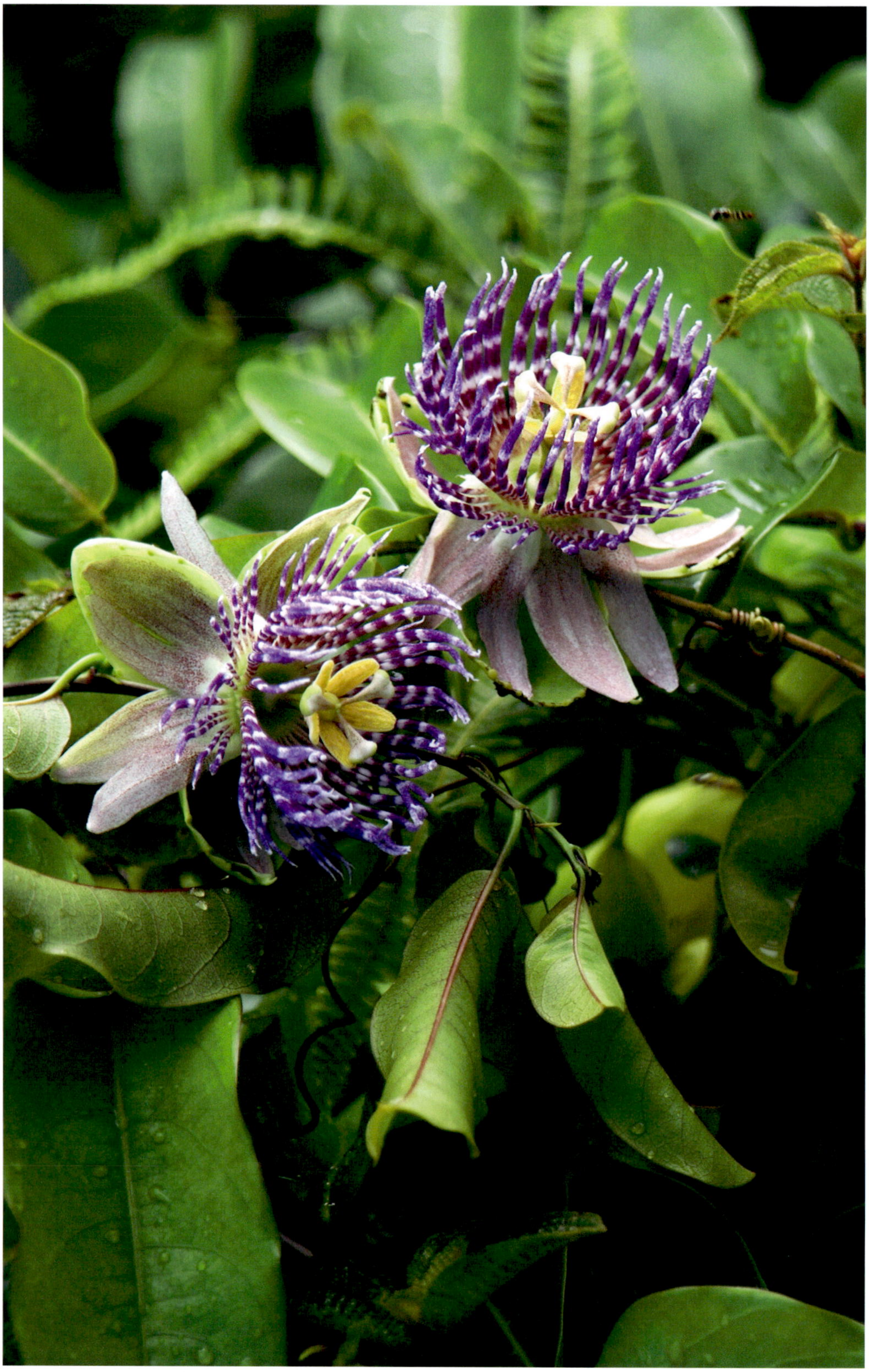

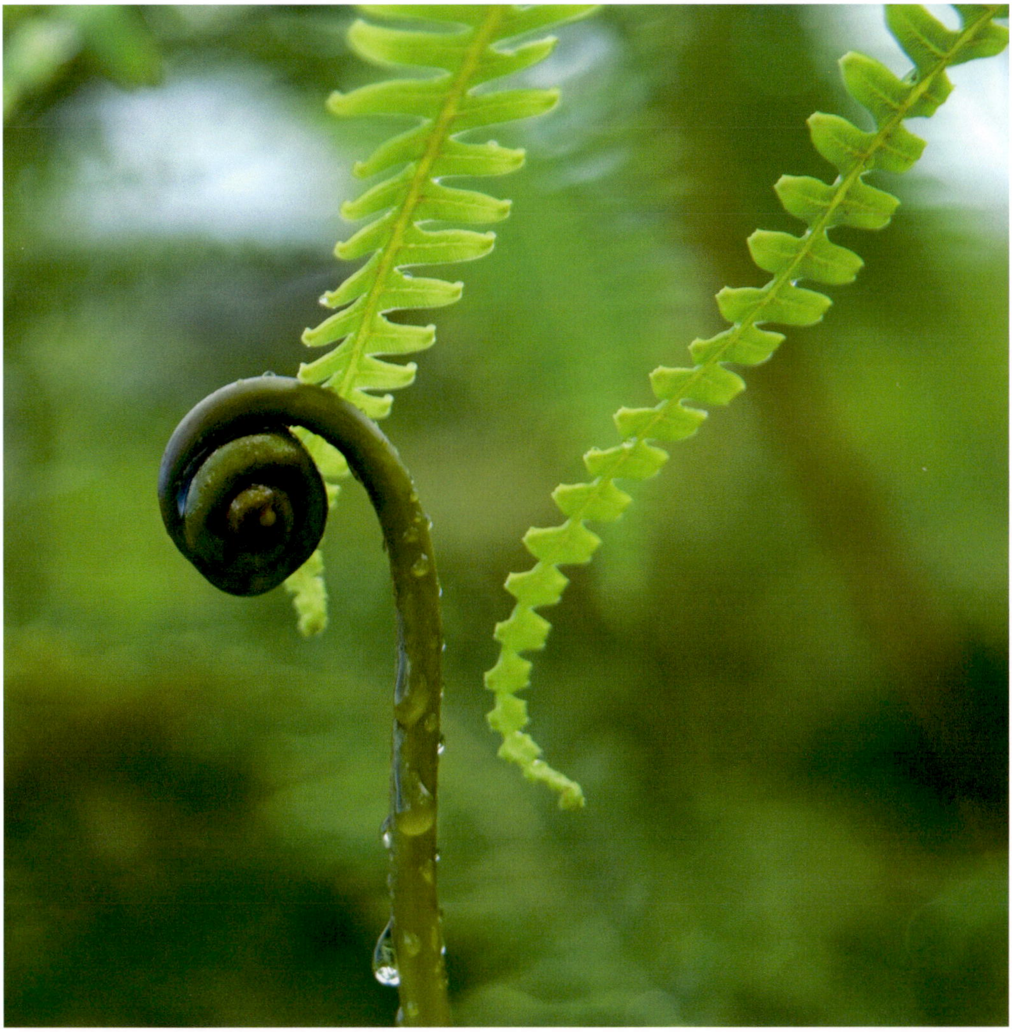

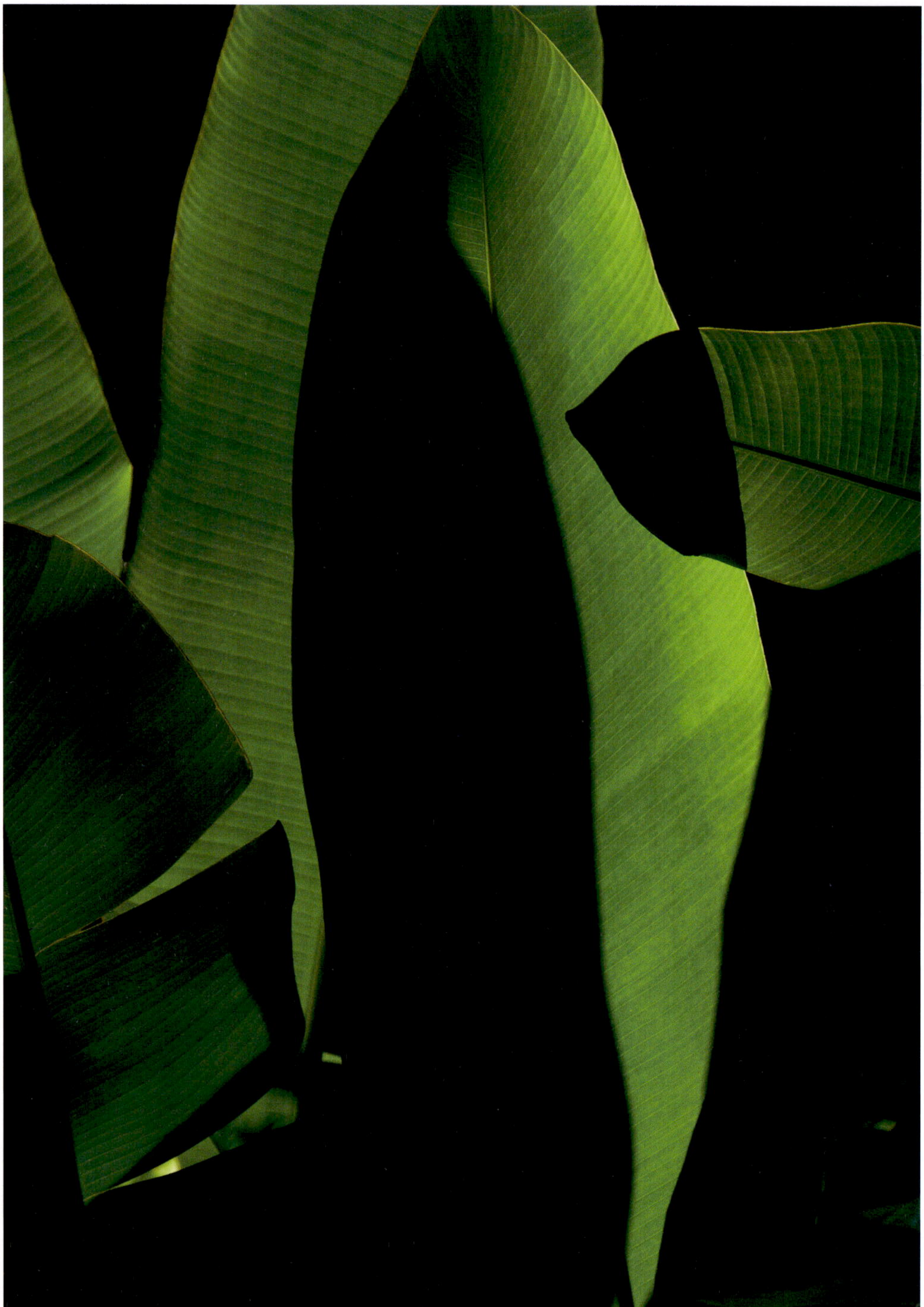

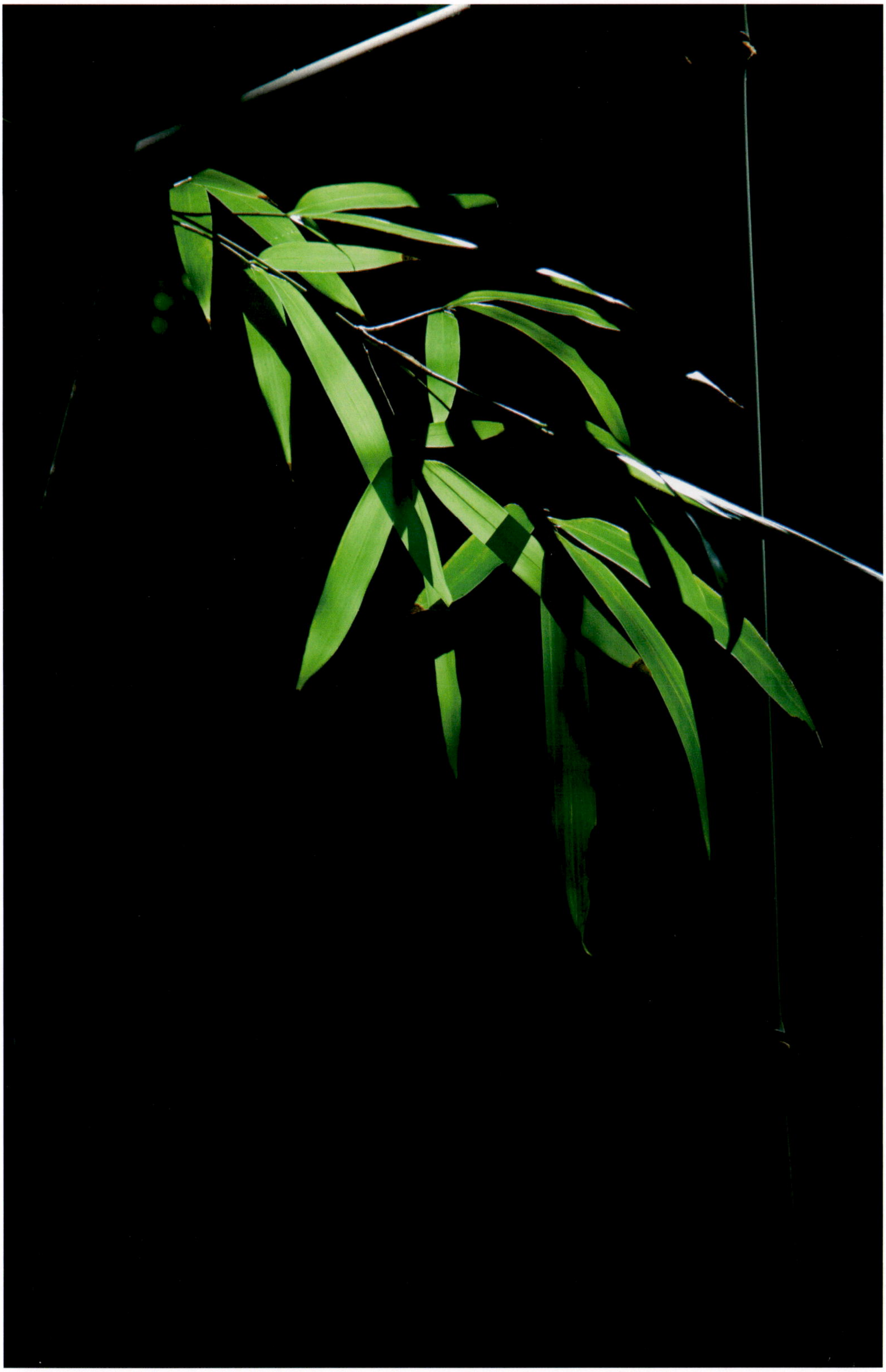

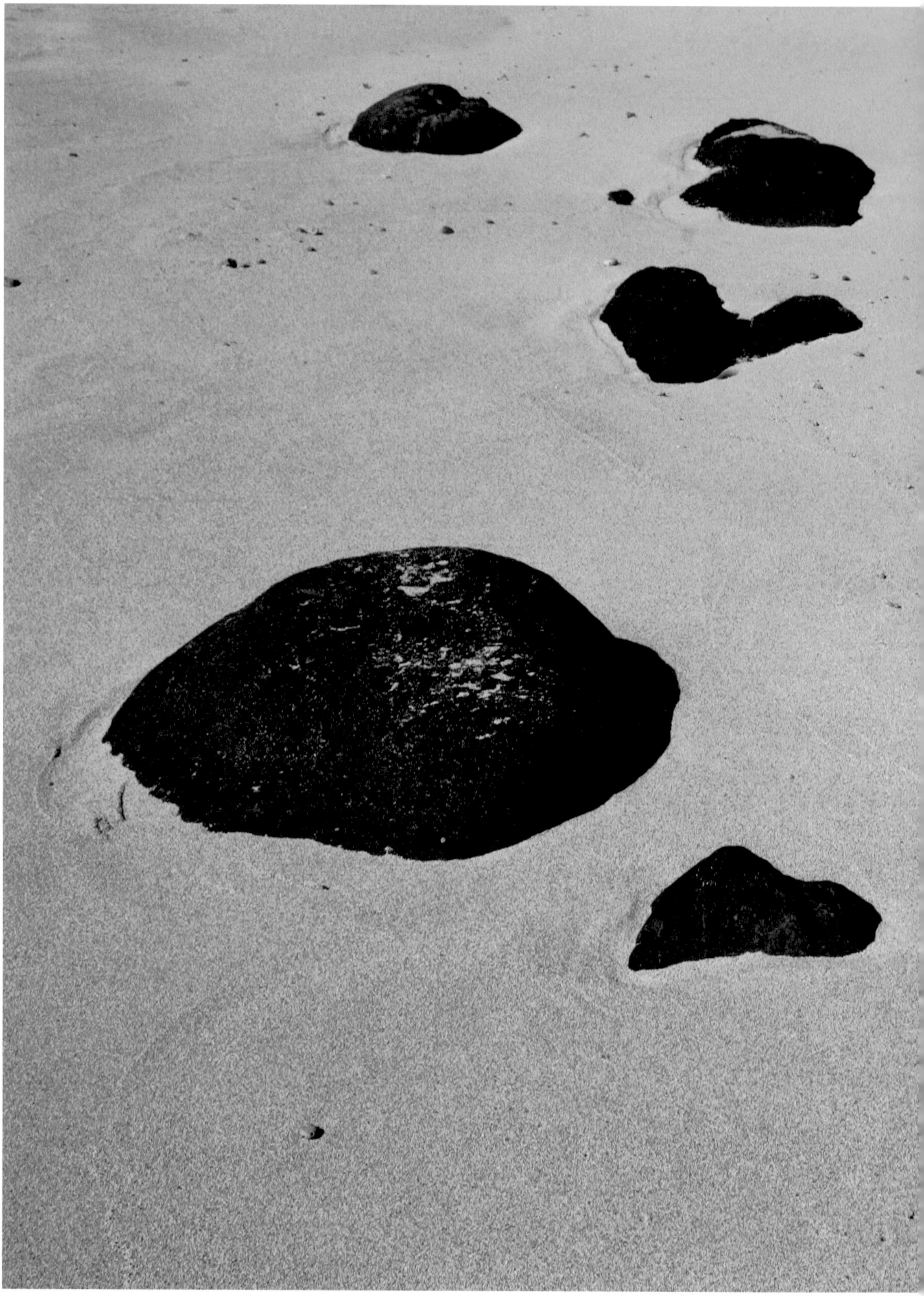

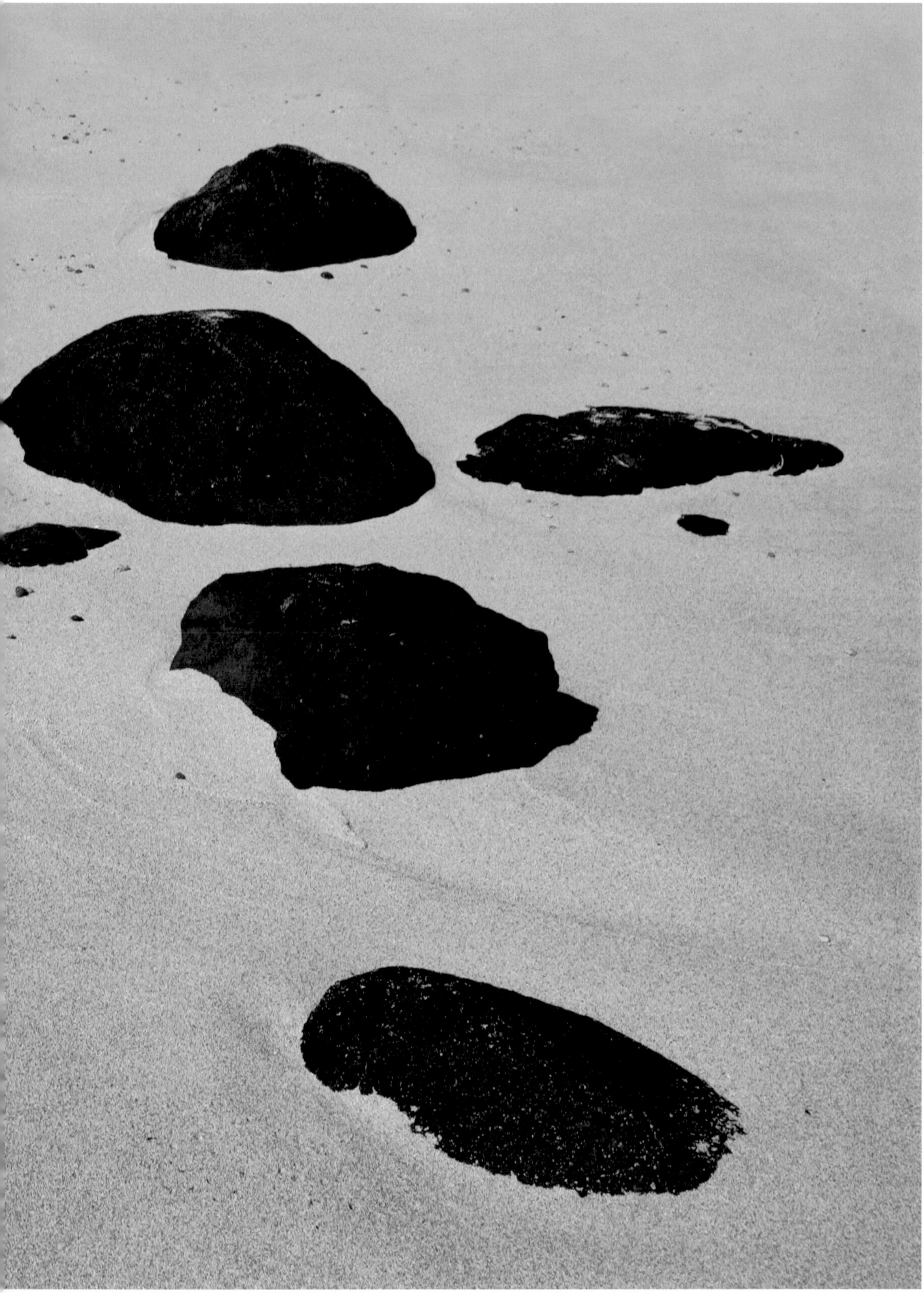

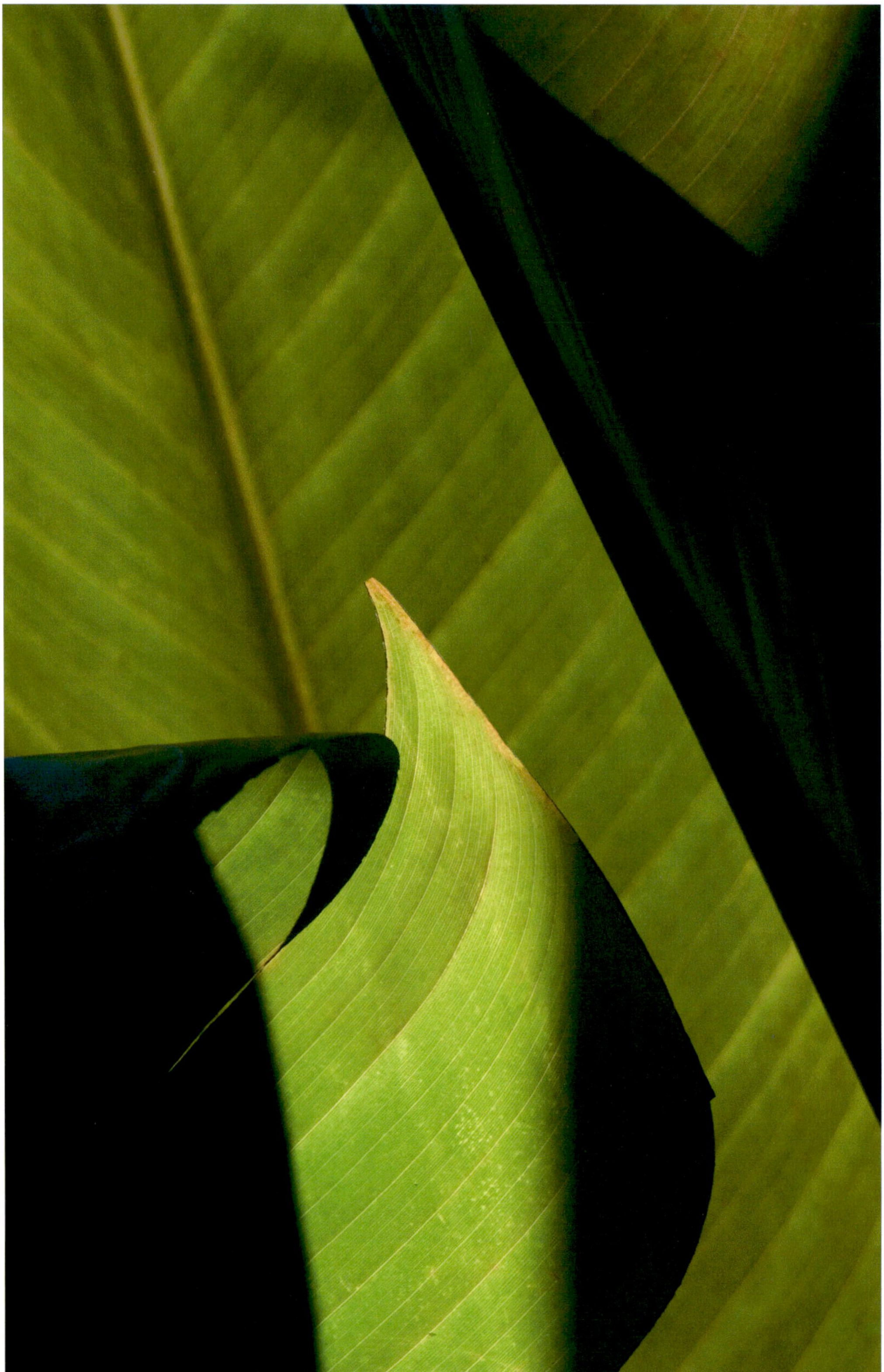

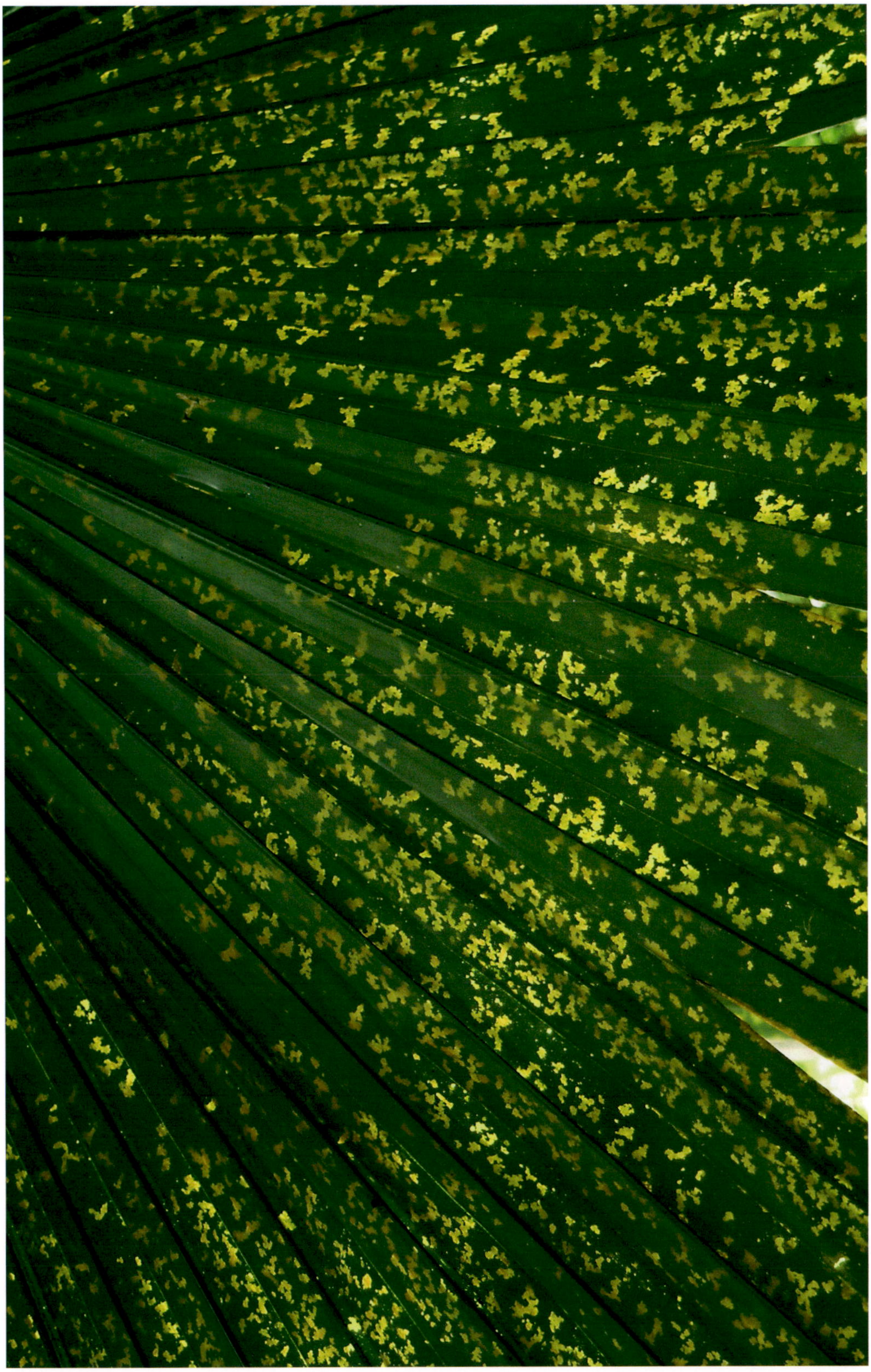

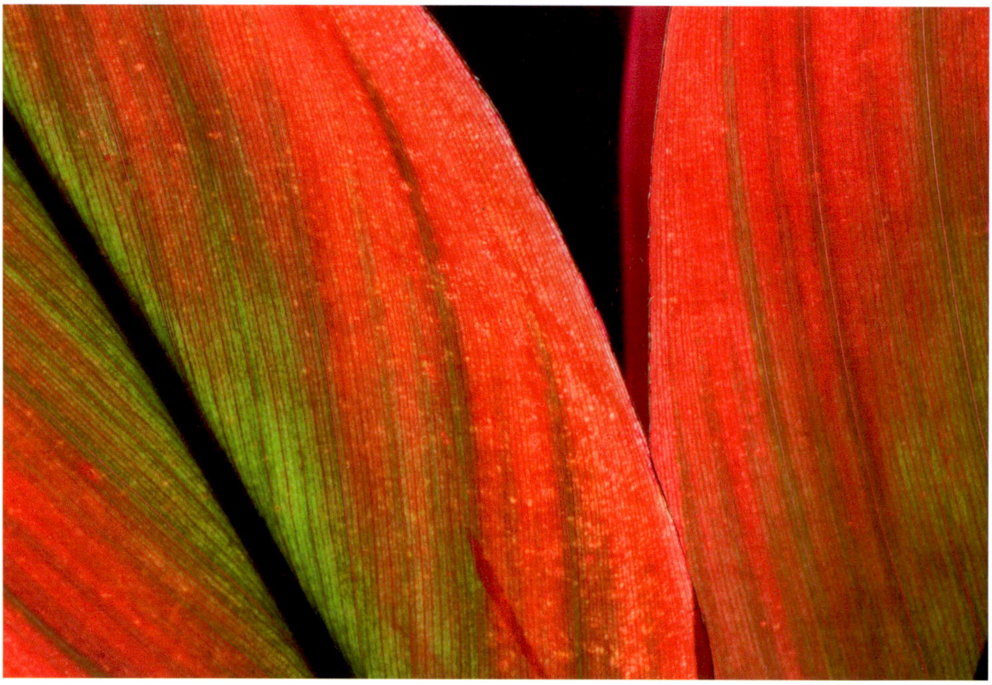

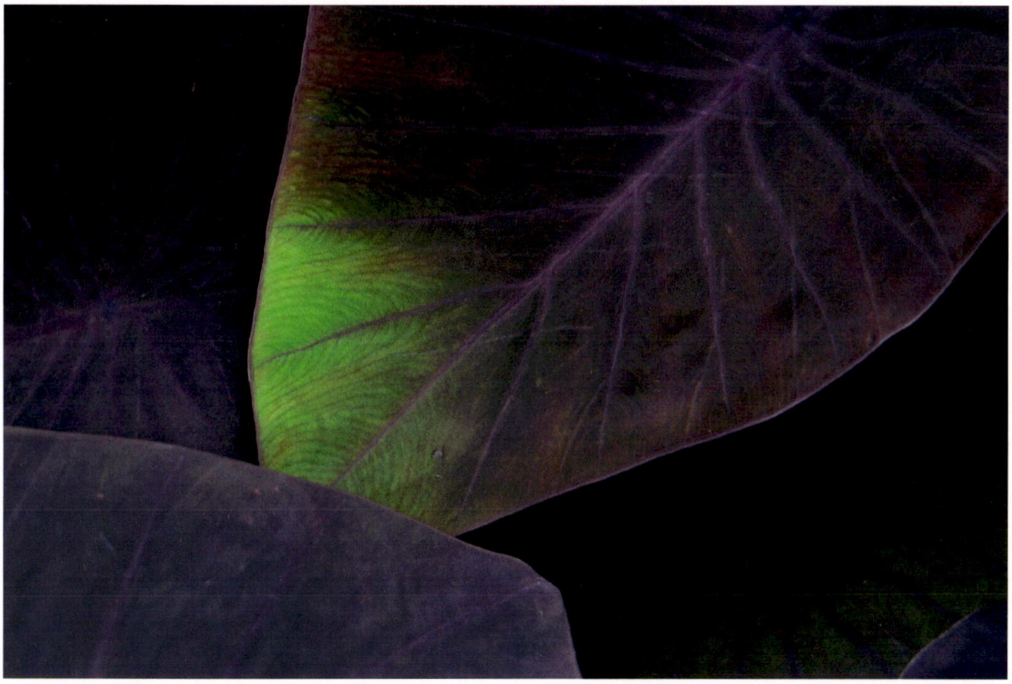

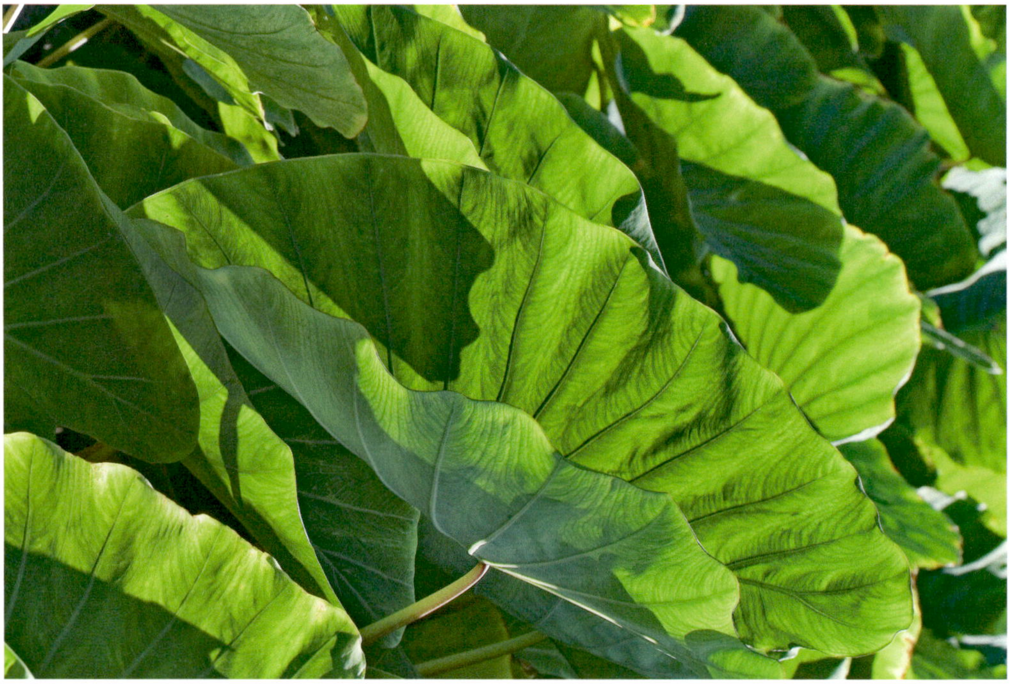

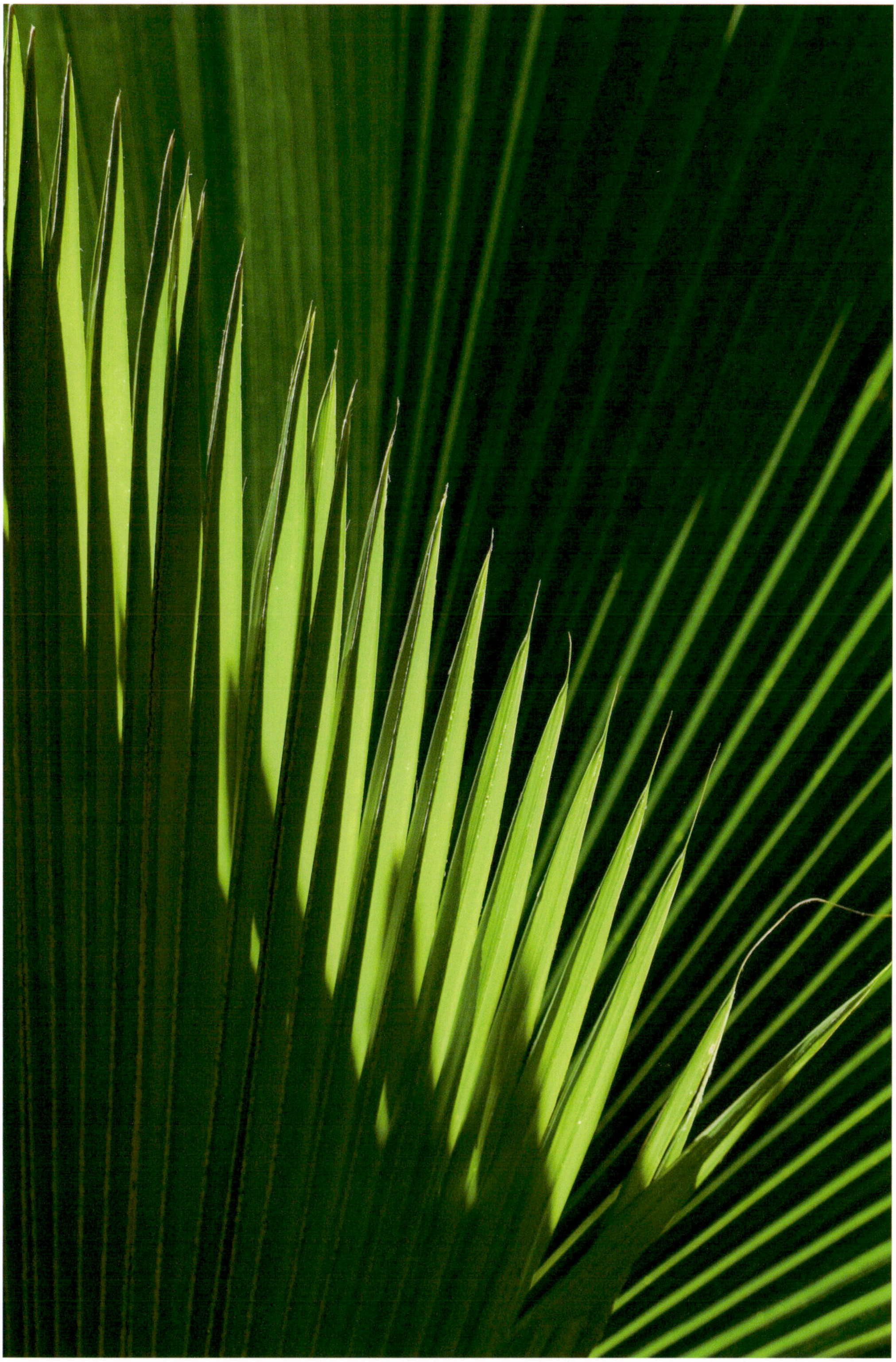

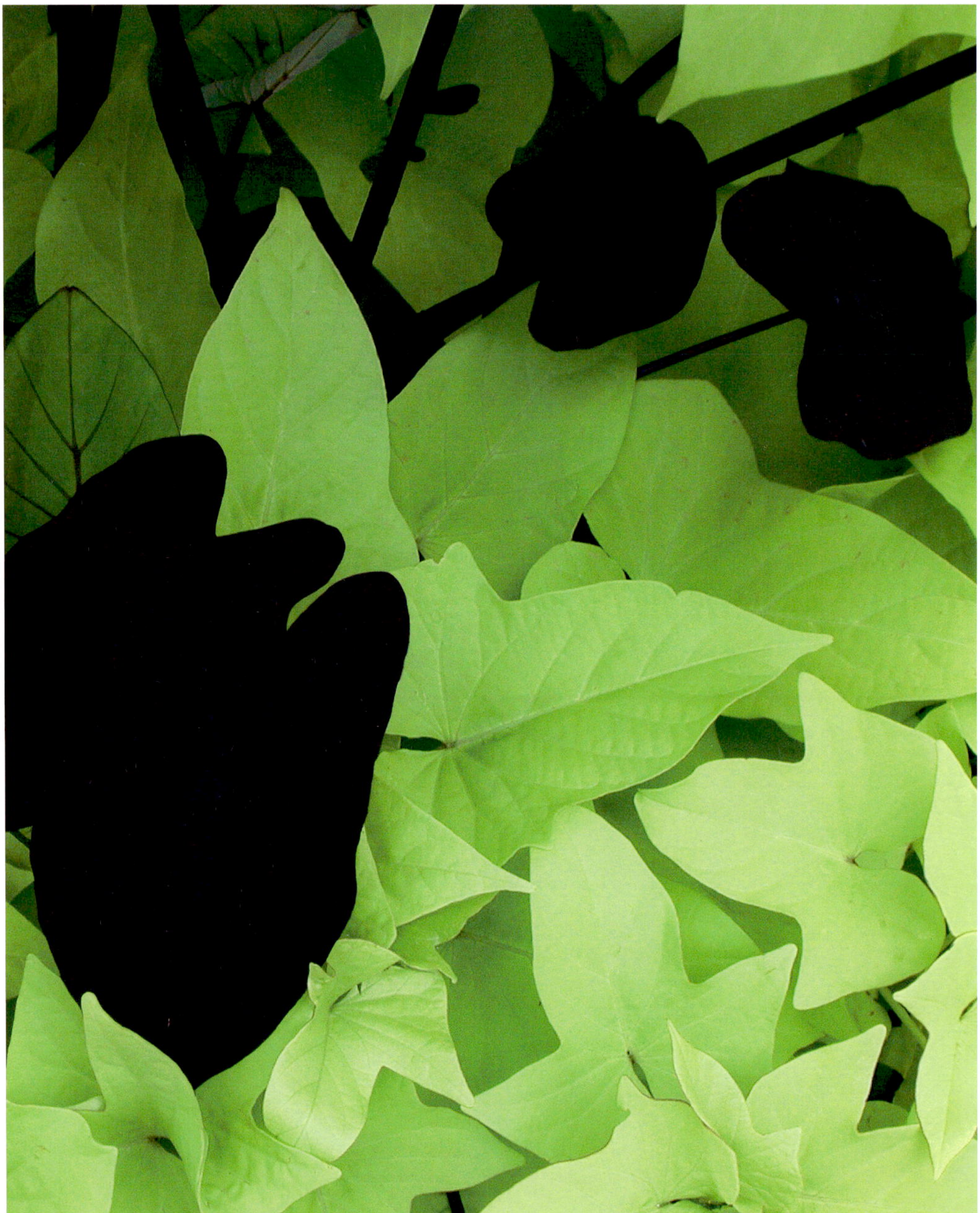

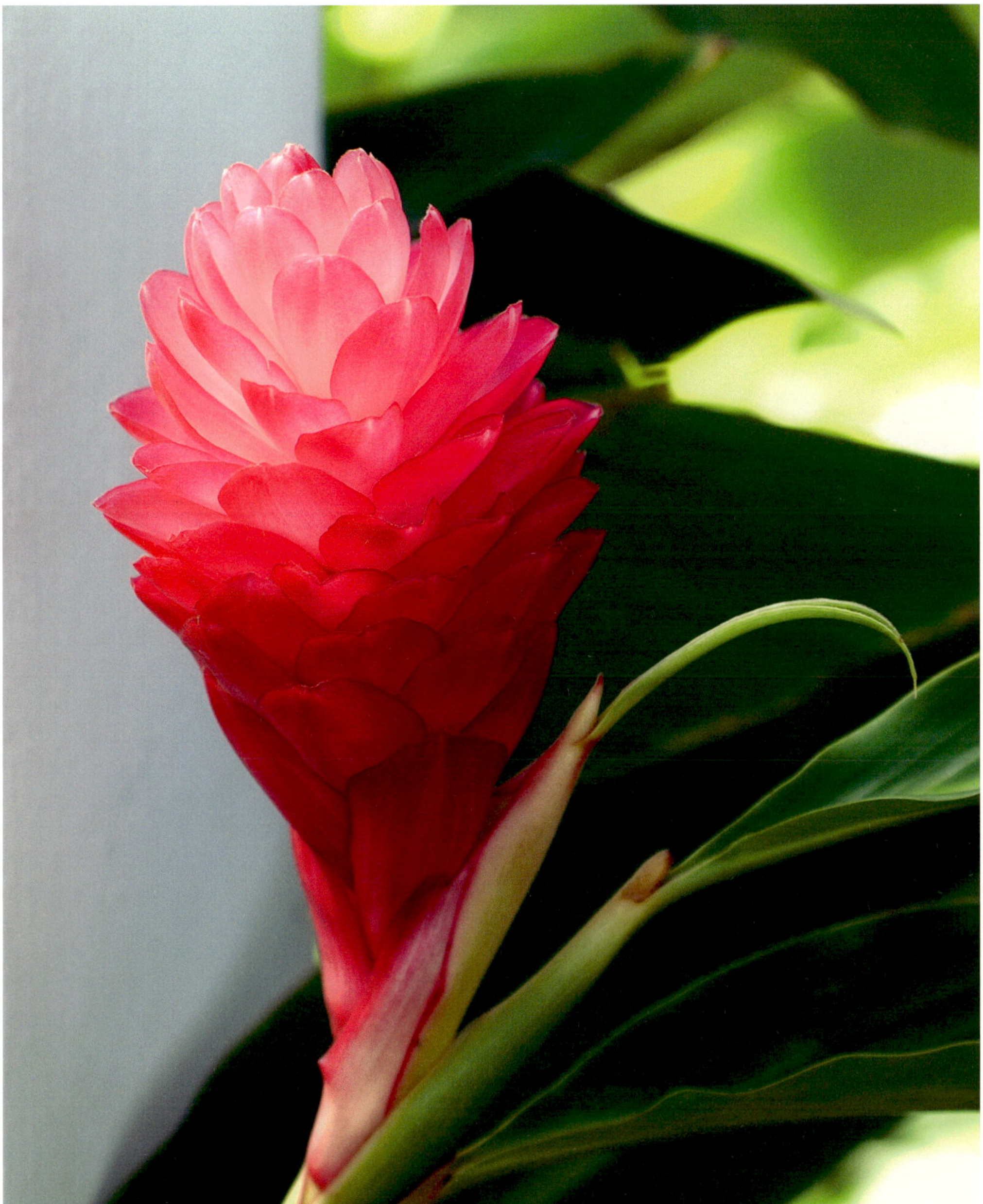

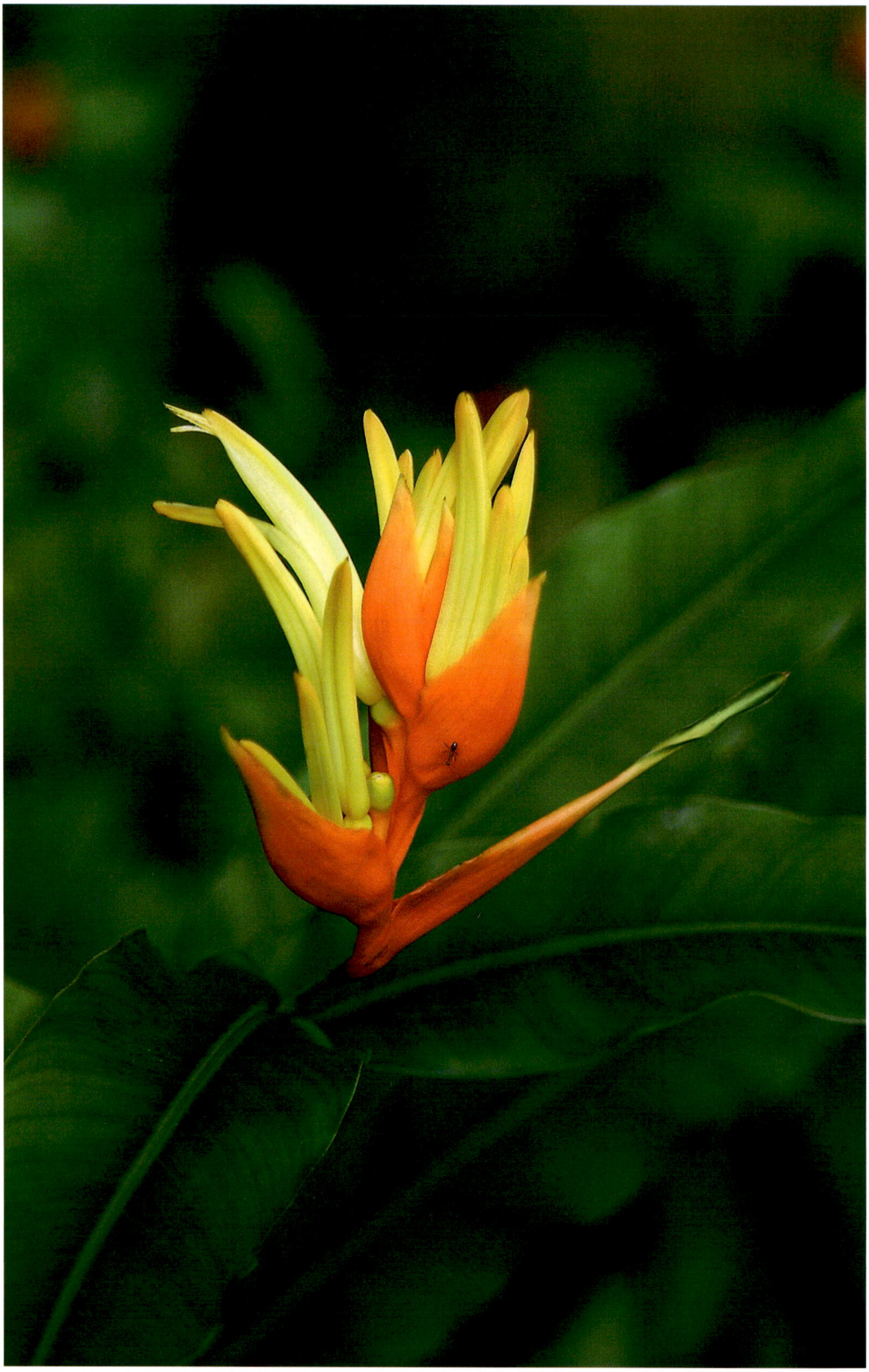

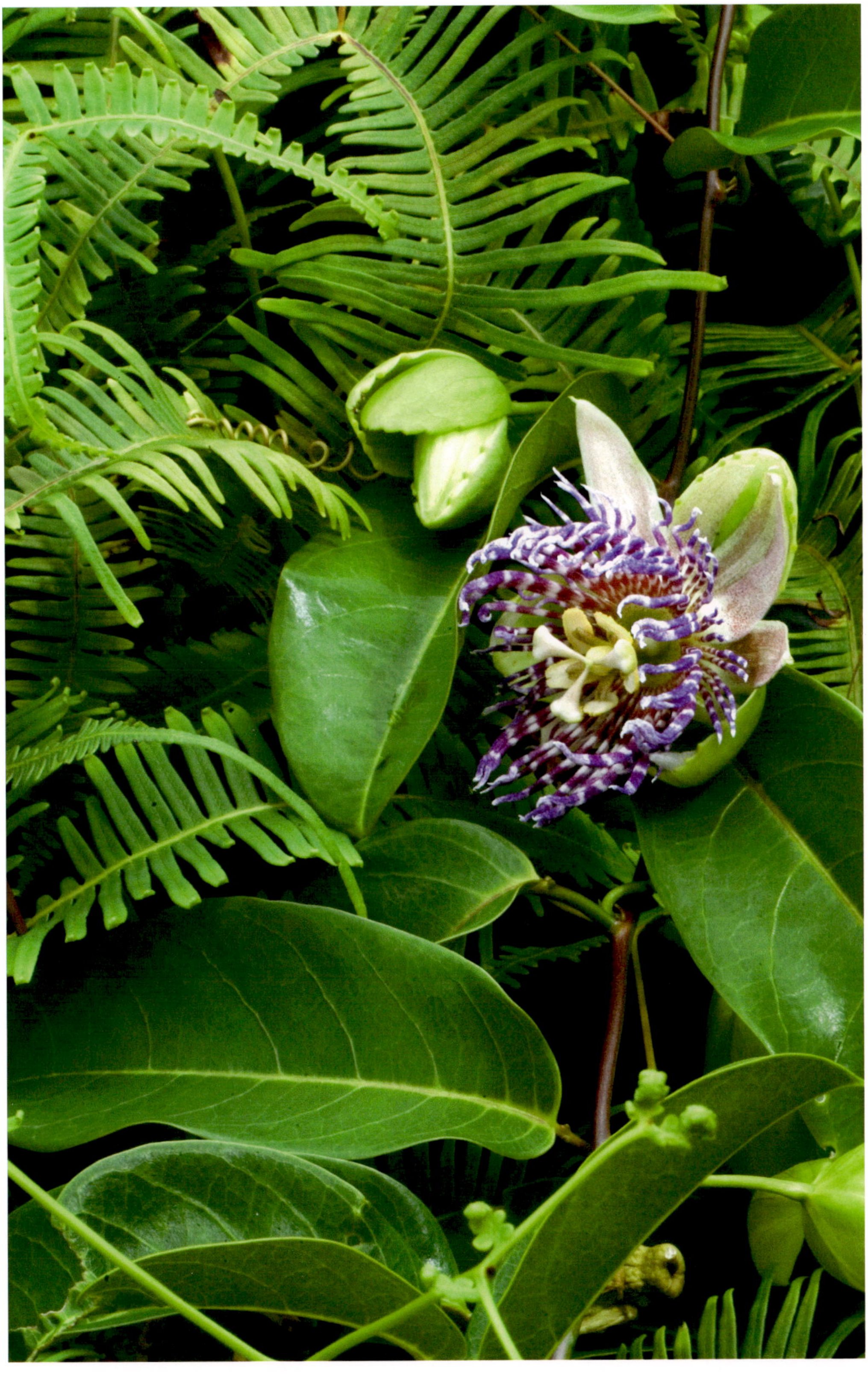

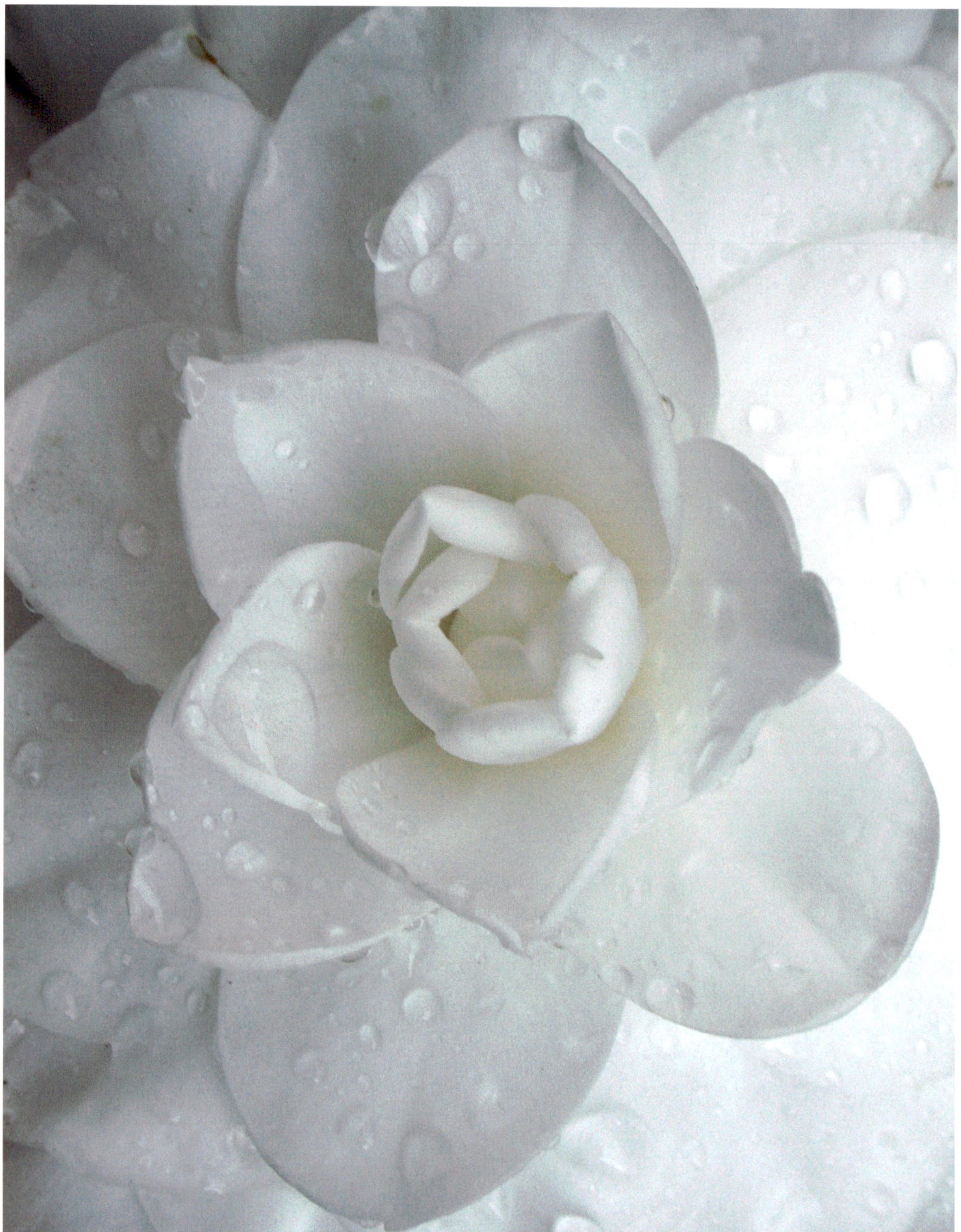

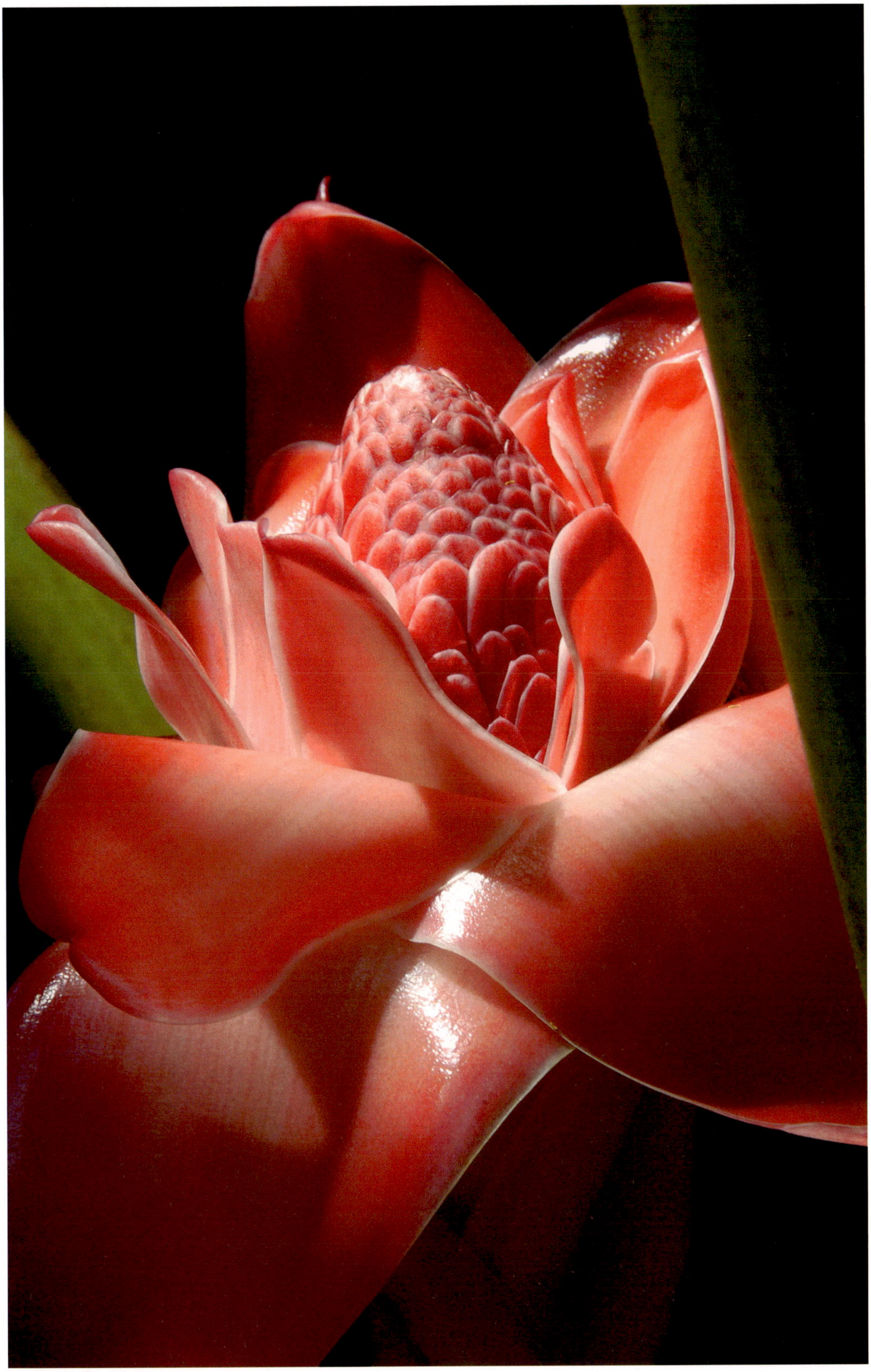

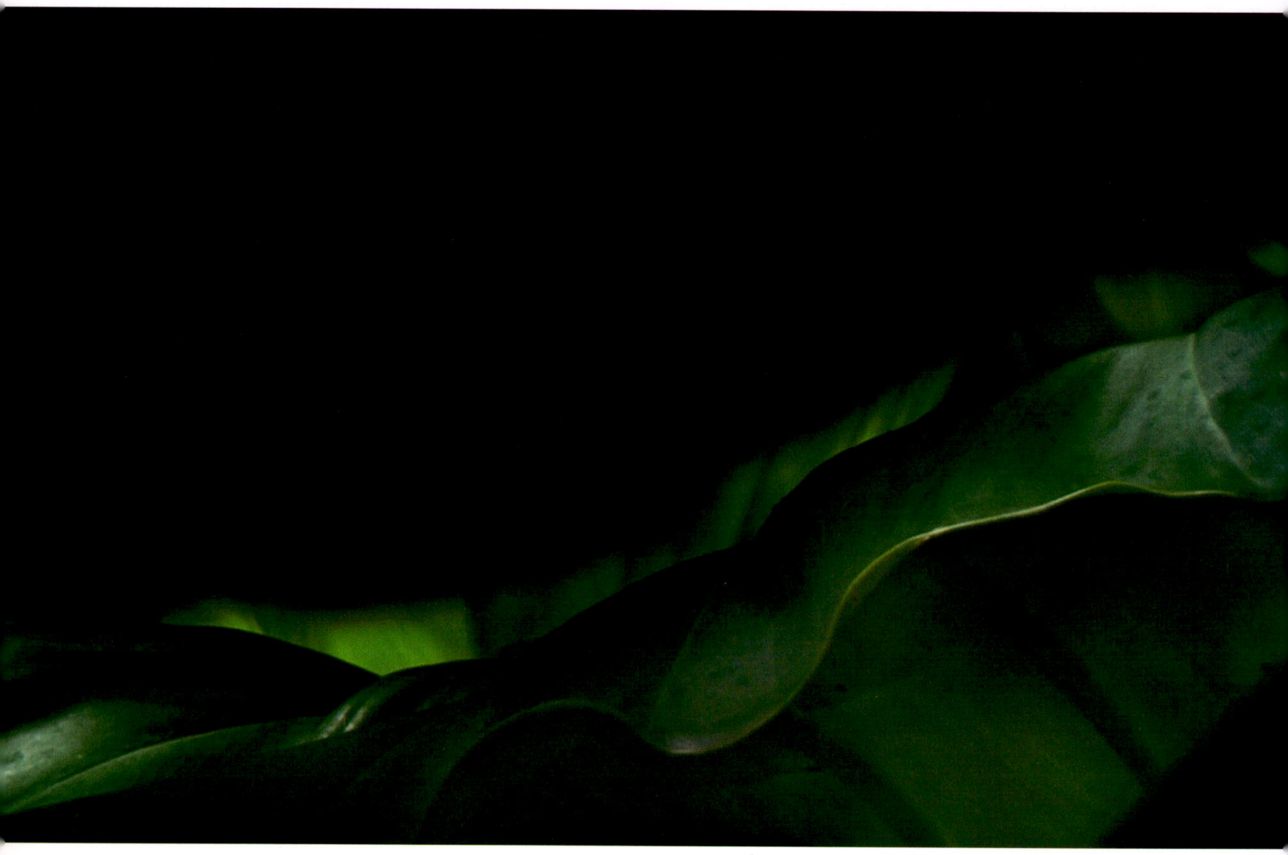

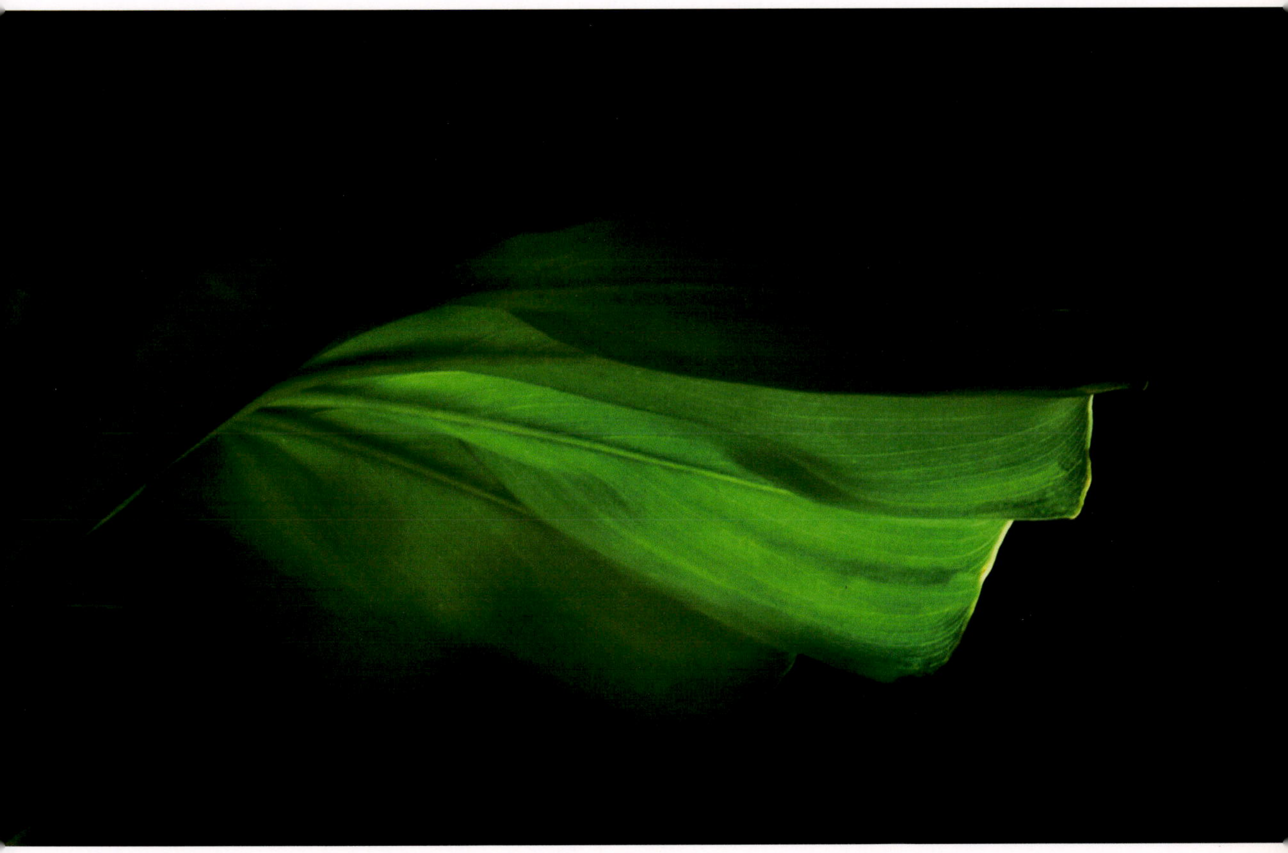

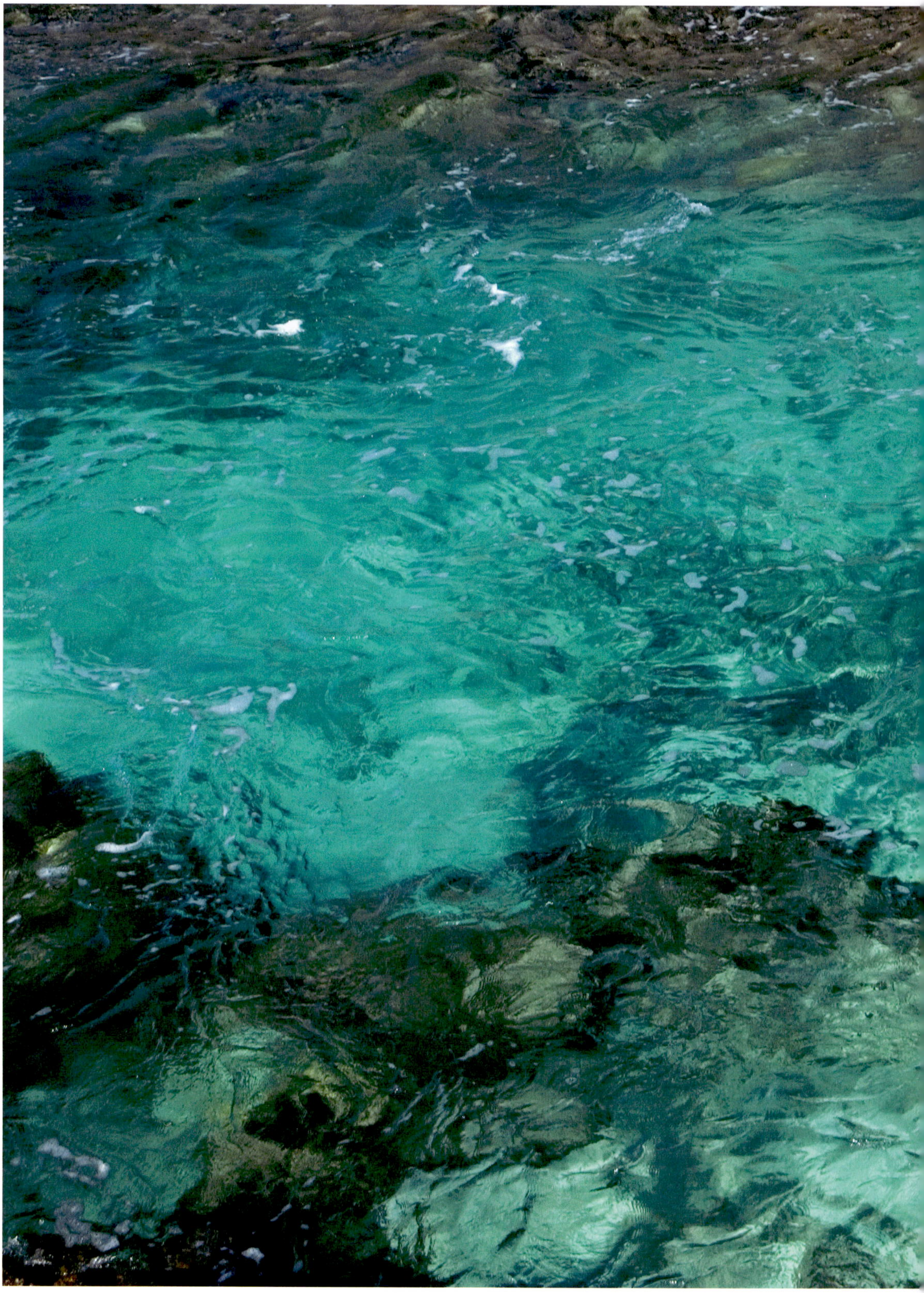

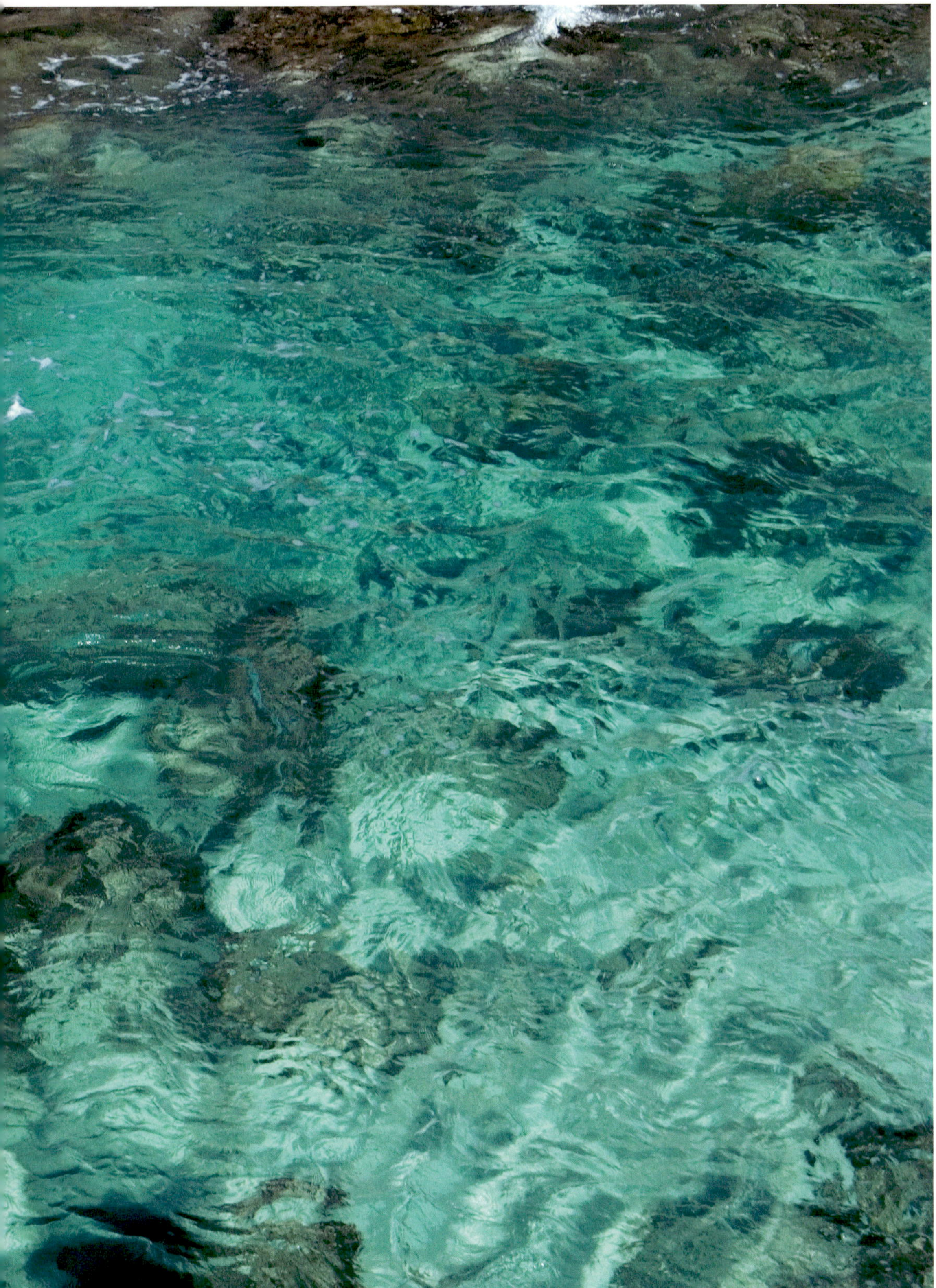

1-5  ~ 
White Cloud Polyptych, 2007
Yokohama Bay, Wai'anae Coast,
O'ahu

6 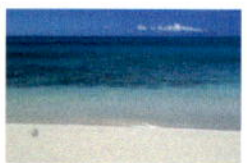
White Cloud at Yokohama Bay, 2006
Yokohama Bay, Wai'anae Coast,
O'ahu

7-10 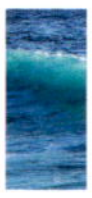 ~ 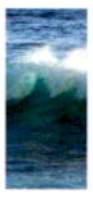
Ka'ena Point Wave, 2004
Ka'ena Point, Leeward Coast,
O'ahu

11 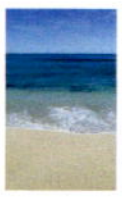
Yokohama Bay Shore Break, 2006
Yokohama Bay, Wai'anae Coast,
O'ahu

12 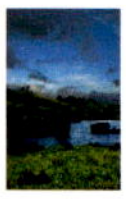
Sunrise at Wai'anapanapa, 2004
Wai'anapanapa State Park,
Hana District, Maui

13 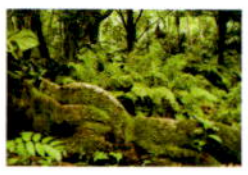
Manoa Valley Rainforest, 2002
Top of Manoa Valley, Honolulu,
O'ahu

14 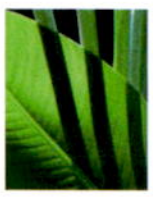
Heliconia Shadows, 2004
Foster Botanical Garden,
Honolulu, O'ahu

15 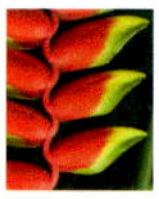
Heliconia Flower, 2004
Hamakua Coast,
Big Island of Hawai'i

16 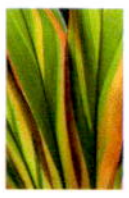
Colorful Ti Leaves, 2007
Hamakua Coast,
Big Island of Hawai'i

17 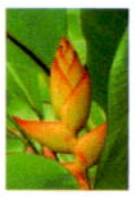
Orange Heleconia, 2002
Hamakua Coast,
Big Island of Hawai'i

18 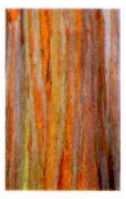
Gum Tree Colors, 2004
'Aiea, O'ahu

19 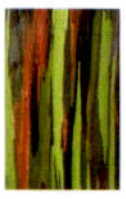
Gum Tree Pattern 6698, 2004
'Aiea, O'ahu

20 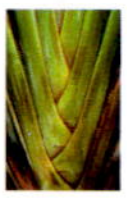
Traveler's Palm, 2004
Foster Botanical Garden,
Honolulu, O'ahu

21 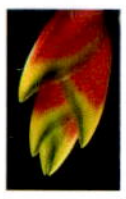
Heliconia Flower, 2004
Waimea Valley, North Shore,
O'ahu

22 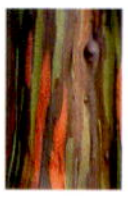
Gum Tree Pattern 6742, 2004
Wahiawa Botanical Garden,
Wahiawa, O'ahu

23 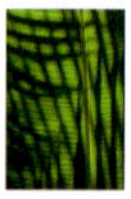
Pattern, 2007
Near 'Iao Valley, Maui

24 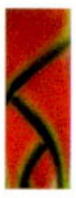
Heliconia Flower Detail, 2002
Foster Botanical Garden,
Honolulu, O'ahu

25 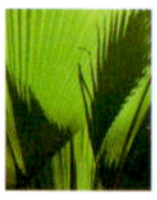
Wahiawa Palm Shadow 6, 2008
Wahiawa Botanical Garden,
Wahiawa, O'ahu

26 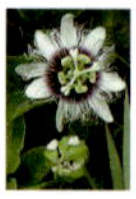
Liliko'i (Passionfruit) Flower, 2003
Ko'olau Mountains, O'ahu

27 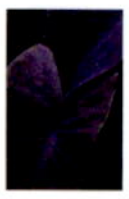
'Ele 'Ele, 2004
Ho'omaluhia, Kaneohe,
O'ahu

28 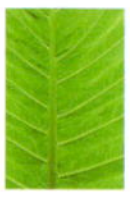
Radiant Paths, 2007
Near 'Iao Valley, Maui

29 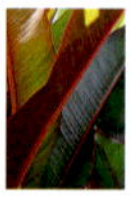
Hilo Heliconia, 2007
Hilo, Big Island of Hawai'i

30 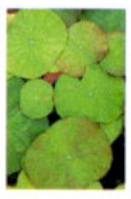
Color, Catching Rain, 2007
Honolulu, O'ahu

31 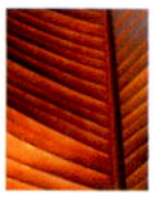
Red Heliconia, 2004
Waimea Valley, North Shore,
O'ahu

32 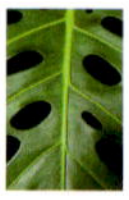
Monstera, 2002
Upper Manoa Valley, Honolulu,
O'ahu

33 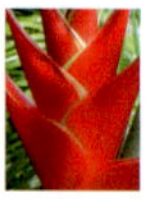
Red Heliconia Flower, 2002
Waimea Valley, North Shore,
O'ahu

34 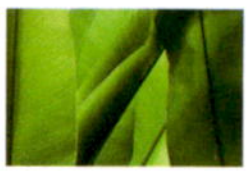
Heliconia Landscape, 2005
Waimea Valley, North Shore,
O'ahu

35 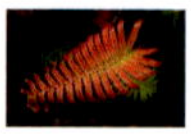
Mountain Fern, 2006
Kamakou Forest Preserve,
Moloka'i

36 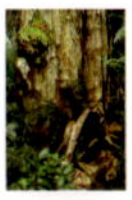
Cooperativeness, 2002
Upper Manoa Valley, Honolulu,
O'ahu

37 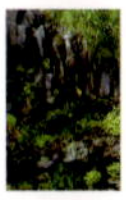
Raindrops into Rivers, 2004
Hana District, Maui

38 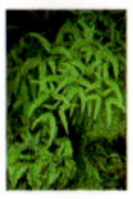
Fern Bank, 2002
Ko'olau Mountains, O'ahu

39 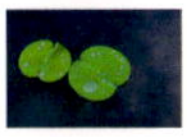
Pausing a Moment Before Returning, 2006
Waimea Valley, North Shore,
O'ahu

40 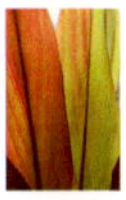
Ti Leaves After Rain, 2004
Ho'omaluhia, Kaneohe, O'ahu

41 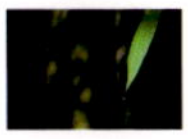
Bamboo and Raindrop, 2007
Upper Nu'uanu Valley, Honolulu,
O'ahu

42 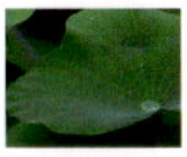
Rain Catcher, 2006
Waimea Valley, North Shore,
O'ahu

43 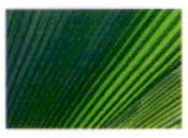
Palm Colors, 2007
Ho'omaluhia, Kaneohe,
O'ahu

44 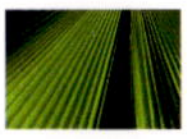
Palm Pattern, 2007
Ho'omaluhia, Kaneohe,
O'ahu

45 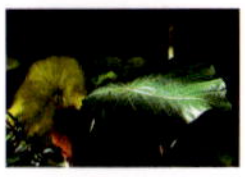
Three Colors of Leaves, 2007
Ho'omaluhia, Kaneohe,
O'ahu

46 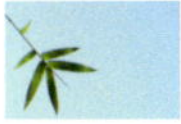
Bamboo Leaf, 2006
Pearl City, O'ahu

47 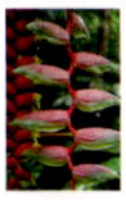
Heliconia Flower Series, 2007
Hamakua Coast,
Big Island of Hawai'i

48 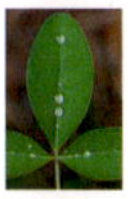
Weed with Water Droplets, 2009
Ko'olau Mountains, O'ahu

49 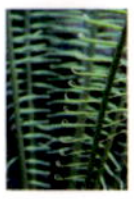
Growth Unfurling, 2007
Waimea Valley, North Shore,
O'ahu

50 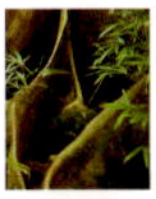
Bamboo, Ficus and Rock, 2002
Top of Manoa Valley, Honolulu,
O'ahu

51 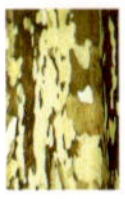
Leopard Tree, 2002
Top of Manoa Valley, Honolulu,
O'ahu

52 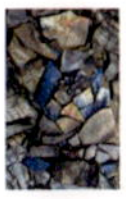
Lava Shards, 2007
Kalapana, Big Island of Hawai'i

53 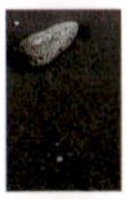
Black Sand and Stone, 2008
Punalu'u, Big Island of Hawai'i

54 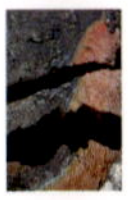
The Process Begins Again, 2005
Volcanoes National Park,
Big Island of Hawai'i

55 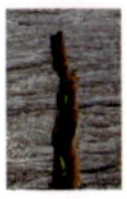
Earth Opening and Closing, 2007
Volcanoes National Park,
Big Island of Hawai'i

56 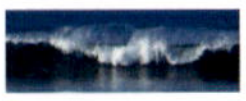
North Shore Wave, 2005
Ka'ena Point, North Shore Coast,
O'ahu

57 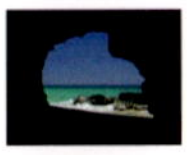
Na Pali Trail, 2002
Na Pali Coast, Kaua'i

58 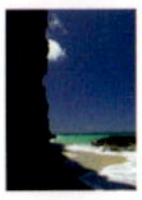
Na Pali Cliffs, 2002
Na Pali Coast, Kaua'i

59 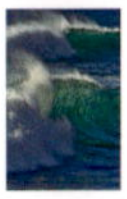
Two Waves, 2008
Waianae Coast, O'ahu

60 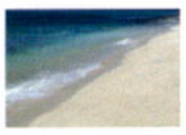
Yokohama Bay Wave, 2006
Yokohama Bay, Waianae Coast,
O'ahu

61 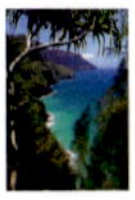
Na Pali Trail, 2001
Na Pali Coast, Kaua'i

62 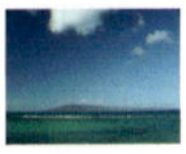
View of Lana'i from Maui, 2000
Kapalua, Maui

63 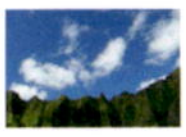
Ko'olau Mountain Pali, 2007
Kaneohe, Windward Side,
O'ahu

KAUA'I

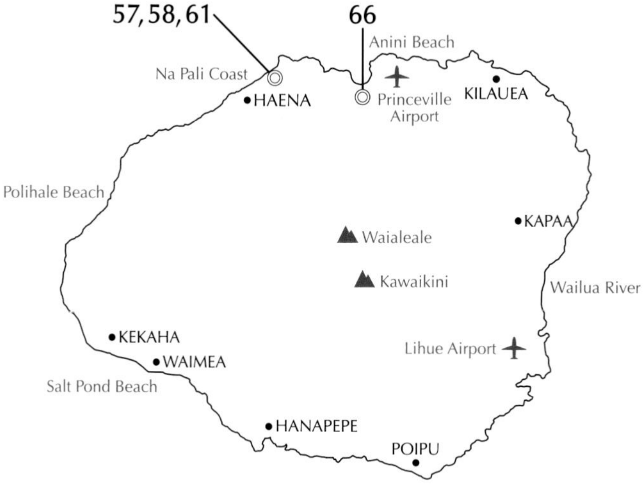
57,58,61
66
Anini Beach
Na Pali Coast
HAENA
Princeville Airport
KILAUEA
Polihale Beach
KAPAA
Waialeale
Kawaikini
Wailua River
KEKAHA
WAIMEA
Lihue Airport
Salt Pond Beach
HANAPEPE
POIPU

O'AHU

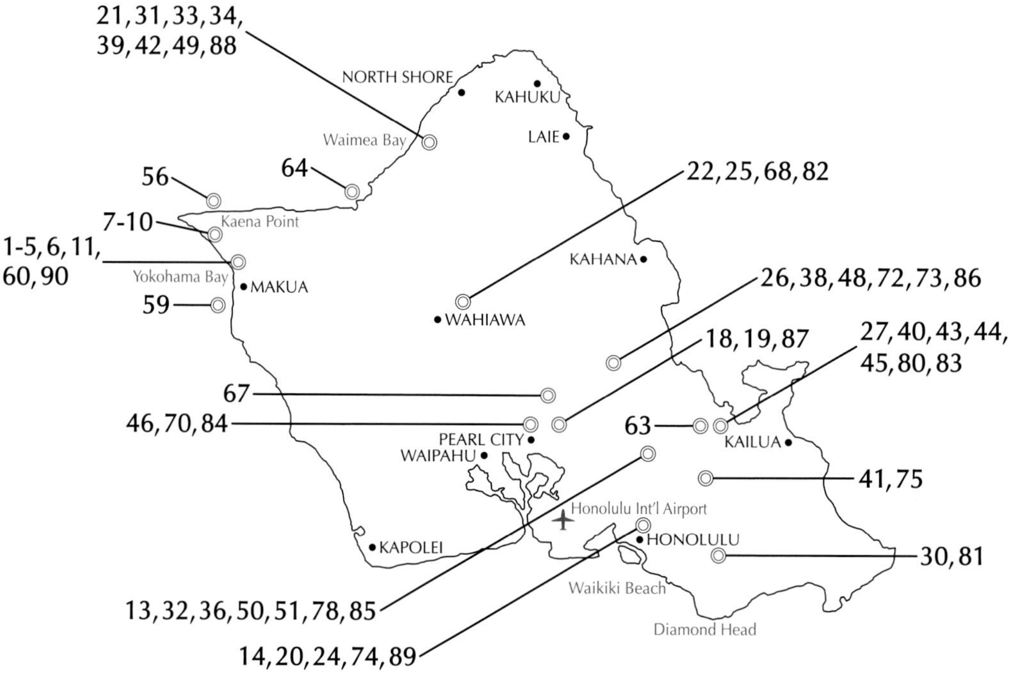
21,31,33,34,
39,42,49,88
NORTH SHORE
KAHUKU
Waimea Bay
LAIE
56
64
22,25,68,82
7-10
Kaena Point
1-5,6,11,
60,90
Yokohama Bay
MAKUA
KAHANA
59
WAHIAWA
26,38,48,72,73,86
18,19,87
27,40,43,44,
45,80,83
67
46,70,84
63
PEARL CITY
KAILUA
WAIPAHU
41,75
Honolulu Int'l Airport
HONOLULU
KAPOLEI
30,81
Waikiki Beach
13,32,36,50,51,78,85
Diamond Head
14,20,24,74,89

MOLOKA'I / LANA'I / MAUI

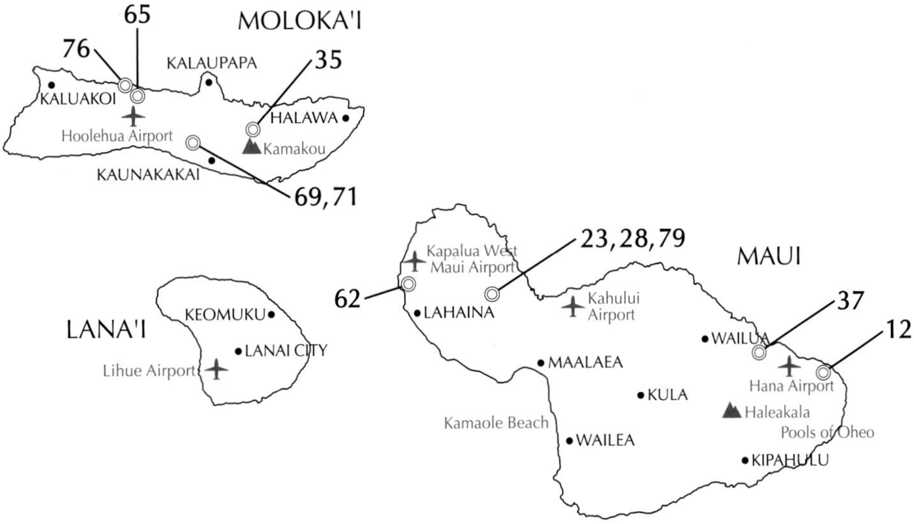

HAWAI'I

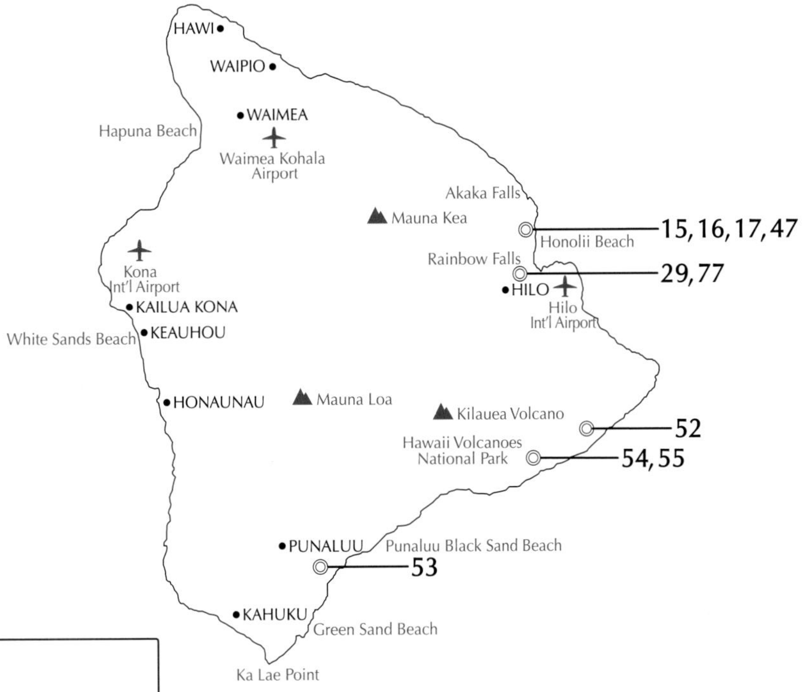

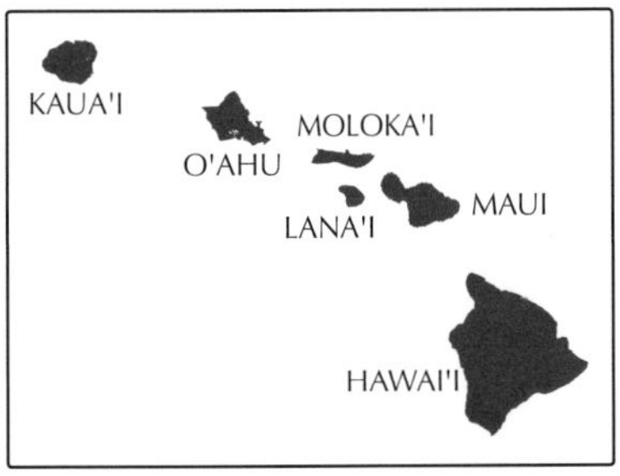

あとがき

家の裏手のラナイに腰掛け、繊細で温かく穏やかな雨が森を潤すのを見ながら、このあとがきを書いています。長い間歩いても濡れないほど、その雨はとても細やかで優しいのです。大気の熱を冷まし、ダイヤモンドのような水滴をシダや木の葉の上に残します。ハワイの人々は昔からこのような雨を"ho'okili(ホオキリ)"と呼んでいます。ハワイの詩で雨は、喜び、生命、成長、青葉、幸運を表すのです。確かに、ハワイの雨は、それらのすべてをもたらしてくれます。
私がこの写真集に「Ho'okili o Hawai'i（ホオキリ・オ・ハワイ）」というタイトルを選んだのは、雨はハワイの島々にいつも降り注ぎ、成長、生命、再生に大切な役割を担っていて、私の写真はそれらを描写しているからです。実際に、雨の雫そのものの写真も何点かおさめています。ヌウアヌ・ヴァレーの笹の葉から垂れる雫。コオラウ・マウンテンの雑草の葉が見事に集めた小さな雫。そして、ハナ・コーストの崖では、集まってきた水が流れ落ち、澄んだ川となり、やがては太平洋へと流れ込みます。
穏やかながら、たえまなく訪れるにわか雨は、これぞハワイとも言うべき緑の源になっています。タロイモを育て、ヘリコニアを驚くほどの早さで成長させ、様々な花を咲かせ、ハワイ独特の心地よい湿り気を帯びた空気をもたらします。同時に、雨は新しい溶岩地層に浸み込んで小さな亀裂を作り、草やシダを根付かせ、再生させるのです。
雨水はやがて太平洋に注ぎ、そして、アクアマリンの海になじみ、透き通るような色の波となり、水平線上に浮かぶ美しい雲となります。雨は、私たちの生命の源で、成長と再生と喜びの源でもあります。
このシリーズの写真を撮るにあたり、私は被写体を求めてハワイ諸島のほとんどの島を訪れました。撮影には、自然光しか使いません。他の場所でも同じことが言えるのですが、特にハワイでは、日の出前後の早朝と日の入り前後の夕方の光はとても優しく、絶妙なバランスの色彩や、より魅力的な影と独特の光のアングルを与えてくれます。中でも様々な自然のエレメントとそれを照らす稀な光との共演を探しながら撮るのが私は好きです。森に差し込む一筋の木漏れ日がひとつの植物を照らしているシーンや、朝日や夕日の逆光に照らし出された葉、反射した光と屈折した光など、自然への光の演出をとらえるのです。
この写真集を通して、オアフ島のコオラウ・マウンテン、カウアイ島のナ・パリ・コーストや、私の家の裏手に広がる美しい森など、ハワイの美しい自然への散策に皆さんを誘うことができればと思っています。
私の写真が皆さんの目に留まって、ハワイの素晴らしい自然を少しの間眺めているうちに、優しい雨が私たちにもたらす至福の喜びを感じていただけますことを願っています。

ブルース・ベンケー
パール・シティ、ハワイ
2009

Postscript

As I write this, sitting on the lanai behind my house, I am watching a fine, warm, light rain fall in the woods. The rain is so fine, I could walk a long way in it without getting wet. It cools the air and leaves fine, diamond-like water drops on the ferns and tree leaves. Hawaiians call this kind of rain ho'okili. In Hawaiian poetry, rain can signify joy, life, growth, greenery, or good fortune. For indeed, our Hawaiian rain showers seem to bring all of those things.

I chose to call this collection of photographs Ho'okili o Hawai'i because the rain is a ubiquitous and important part of the growth, life and regeneration of the Islands depicted in these images. Indeed, the raindrops may even be seen in a few of the photographs: a droplet at the end of a bamboo leaf in Nu'uanu Valley, rain water collecting on the leaves of a weed in the Ko'olau Mountains with a perfection that seems deliberate, or water joining forces and coursing down the side of a rocky cliff on the Hana Coast, forming a clear, clean stream and rushing out to the Pacific.

Our gentle but frequent showers are the source of the greenness that is Hawai'i. It nourishes the taro, it allows the heliconia to grow at astonishing rates and it brings an amazing diversity of flowers to bloom, scenting the moist air in a way that is uniquely Hawaiian. At the same time, the rain also takes advantage of small cracks in new lava beds and creates erosion by planting them with a regenerative growth of grasses and ferns.

As the rainwater ultimately pours into the Pacific, it forms aquamarine colored pools, translucent waves and the uniquely beautiful clouds that dot the ocean's horizon. Indeed the rain is our source of life, our source of growth, our source of regeneration, and our source of joy.

In creating this series of photographs, I visited most all of the largest islands for my subject matter. I used only natural light. In Hawai'i, as in other places around the world, the light of very early morning or very late afternoon provides the most gentle and subtle balance of color, more interesting shadows and unique angles of illumination. I especially like to capture the unusual in the play of light found in the juxtaposition of various natural elements; a solitary ray in the forest illuminating but a single plant; the setting or rising sun backlighting leaves; reflected light and refracted light.

I hope, through this book, you will join me on hikes through the Ko'olau Mountains of O'ahu, Kauai's Na Pali Coast or even just the beautiful woods behind my house. Pause at an image that catches your eye, reflect upon the wondrous nature of Hawai'i, and experience some of the joy that a gentle rain, ho'okili o Hawai'i has brought to all of us.

Bruce Behnke
Pearl City, Hawai'i
2009

ブルース・ベンケー 略歴

ミシガン州生まれで、現在はハワイのオアフ島在住の写真家。祖母からもらったボックス・カメラで8歳から写真を始める。台湾の国立台湾師範大学に留学中に、アジア各国を巡り自然があふれるランドスケープを撮影。その後、カリフォルニアのクレアモント大学院芸術学部において修士号を取得。1990年代より、ハワイ諸島、ポリネシア、日本、メキシコ、カナダや中国などで、大自然の美を撮り続けている。

北米自然写真家協会(The North American Nature Photography Association – NANPA)の会員。協会内の環境や社会に関する「道徳委員会」に参画し、創作活動を行っている。

2004年11月にホノルルのルイス・ポール・ギャラリーにおいて個展『Ao』を開催し、Honolulu Advertiser新聞からは「見慣れたものを新しい予期せぬ豊かな表現で撮影し、私たちを釘付けにする」と賞賛される。その後、同ギャラリーで、『The Color of Water』、『Chinese Street Markets』などの個展を1年間に渡り毎月開催。
2007年5月には、撮り下ろした自然の写真で仏教哲学を表現した個展『everything is related, everything changes, pay attention』を開催した。

ホノルル国際空港において、過去3回に渡って個展を開催し、現在もパブリック・アートとして作品が飾られている。また、ハワイ大学のカレンダーやワイメア・ヴァレーのオーデュボン・パークのポストカードなども手がける。

自らプリント作業を行う写真は、プライベート・コレクションやコーポレート・コレクションとして所蔵されている他、デパートの店内やハワイの数軒のホテルの全室に飾られている。

最近では、ハワイ大学や、ハワイ芸術協会、ネイティヴ・ネーション教育基金において、生徒たちに写真を教えている。

ブルース・ベンケーのホームページ:
www.pacificrimphoto.com